情熱東京

情熱東京

一九七〇年代回憶錄，日本最後的前衛十年

A Tokyo Romance: A Memoir

作者　伊恩・布魯瑪 Ian Buruma
譯者　白舜羽、鄭明宜
責任編輯　王偉綱
設計　林育全 Lin Yu-quan
yu.quan.lin7625@gmail.com
內頁　Lucy Wright
總編輯　劉粹倫
發行人　劉子超
出版者　紅桌文化／左守創作有限公司
10464 臺北市中山區大直街 117 號 5 樓
FAX 02-2532-4986
undertablepress.com
印刷　約書亞創藝有限公司
經銷　高寶書版集團
11493 臺北市內湖區洲子街 88 號 3 樓
TEL 02-2799-2788
ISBN　978-986-95975-7-9
書號　ZE0138
初版　2019 年 7 月
新台幣　380 元
法律顧問　永衡法律事務所 詹亢戎律師
台灣印製

UNDERTABLE PRESS
An imprint of Liu & Liu Creative Co., Ltd.
117 Dazhi Street, 5F,
10464 Taipei, Taiwan
undertablepress.com

Photographs by the author
ISBN 978-986-95975-7-9 (paperback)
Printed in Taiwan.

國家圖書館出版品預行編目 (CIP) 資料
情熱東京 / 伊恩 . 布魯瑪 (Ian Buruma) 作 ; 白舜羽 , 鄭明宜譯 .
-- 初版 . -- 臺北市 : 紅桌文化 , 左守創作 , 2019.07
240 面 ; 14.5*21.0 公分
譯自 : A Tokyo romance : a memoir
ISBN 978-986-95975-7-9(平裝)
1. 人文地理 2. 日本東京都
731.726085　　　108004961

導讀

無法成為日本人的外人，與需要靠外人塑造自身的日本人

林于竝

對日本文化有興趣的讀者對於本書應該特別有感，寺山修司、鈴木忠志、唐十郎、大島渚、黑澤明、土方巽、麿赤兒、立木義浩、森山大道、荒木經惟，光是這些名字的羅列就令人振奮，因為就是這群人的縱橫交錯編織出日本戰後前衛藝術的圖騰，更何況這本書的每個字句，都來自作者伊恩．布魯瑪（Ian Buruma）「臥底式」的觀察，不帶保留地暴露日本前衛藝術家們創作最核心的部分。伊恩是荷蘭人，他善用「外人」（老外）在日本所享有的特權，自由進出前衛藝術圈裡的各個角落。伊恩的經驗彌足珍貴，因為這幾個日本前衛藝術本家各據山頭，跟隨者凝聚在他們四周形成極度排外的小世界，一般日本人穿梭於這幾個團體之間幾乎不可能。在作者的描寫之下，這些前衛藝術家的生活顯得難以理解卻充滿奇幻，他們的世界時時跨越道德規範卻又生機盎然，作者將對這些藝術家的描寫交織在七〇年代東京這個奇幻都市的場景當中，色情電影院、有富士山壁畫的澡堂、便宜租金的同居房間、女體秀的舞台、帳篷

劇場、六本木玻璃帷幕的豪華辦公室、和式廁所以及刺青師傅的小房間，「東京」被描寫成破碎不連續的許多角落，而每個角落卻又保留它們自己的時間。從一九七五年到一九八一年之間的這段歲月，在作者的筆下彷彿夢境一般在眼前流過。對於理性思維的西方人而言，東京是超現實主義的空間，一個比任何現實都更鮮明的場所。

憑著不亞於藝術家的敏銳嗅覺，作者成功捕捉到日本「戰後」的氛圍。什麼是日本的「戰後」？它不單指第二次世界大戰結束後時間的延續，更是日本人在「敗戰」後所面臨的持續狀態。廣島長崎上空爆發的原子彈，日本宣布無條件投降，麥克阿瑟（Douglas MacArthur）成立「聯合國盟軍駐日總司令部」（簡稱 GHQ）管理日本，撤廢長久以來禁錮日本人民的「治安維持法」，並且釋放政治犯，頒布日本新的民主憲法，實施美國式的民主教育，在進行「東京裁判」同時，策動日本天皇向全國人民發布《人間宣言》，自行撤銷在神道思想當中天皇的神性位置。對於日本人而言，所謂「戰後」，是「忠君」、「愛國」、「傳統」等，原本戰前所信仰、肯定的價值，在一夕之間突然成為否定的對象，在這種情境之下面對自我的不安與喪失感。另外一方面，日本在戰爭結束不久立即被納入冷戰結構當中，日本依附在美國的軍事庇護之下，利用韓戰與越戰發戰爭財，達成經濟高度成長。在尚未徹底追究戰爭責任之下，美國刻意讓日本戰後的政治體制溫存了戰前的政治勢力，對於戰後的日本人而言，繁榮的經濟生活是欺瞞的假象，其底下所潛藏的，則是更巨大的「美日同盟」政治力量。

作者在書中所描述的，是從一九七五年到一九八一年這段期間在日本所遭遇的經驗。七〇年代後半，對於日本戰後而言是段過渡期間，然而，這種過渡的性格反而更能凸顯「日本戰後」的本質。就經濟而言，戰後日本滿目瘡痍，但因為一九五〇年韓戰爆發，軍需讓日本的工業生產在最短時間內恢復運作，日本經濟在戰後急速復甦，一九五六年所發布的經濟白皮書當中，「已經不是戰後」這句話似乎宣告日本經濟已經走出敗戰的陰影而進入軌道。從一九五五年到一九七二年的十八年間，每年平均經濟成長率達到百分之十，邁入所謂「高度經濟成長期」。但是到了八〇年代，日本高科技電子產品以及汽車大量占領美國市場，導致美國工廠大量裁員，「日美貿易摩擦」問題引發美國普遍的反日情緒。而作者伊恩所經歷的日本七〇年代後半，是在日本經濟起飛，但「泡沫經濟」尚未形成，「日美之間的貿易摩擦」尚未爆發的短暫夾縫當中。

作者伊恩在日本的這段期間，日本電影「偉大的導演」的時代已經結束，製片公司已經無法以無上限的方式提供導演揮霍拍片。但是，在戲劇方面，七〇年代卻是日本劇場最「日本」的時期，日本戲劇捨棄對於西方現代藝術形式的外在模仿，開始進行文化根源的探求。儘管現代化與資本累積不斷改變東京的都市形貌，但是七〇年代的前衛藝術家們仍舊可以從東京都市邊陲找到殘存的「大眾的」、「陳舊的」、「非法的」東西。這些都市的殘留物是過去死亡的表徵，而前衛藝術家們卻從這些過去的、死亡的殘影找到新的可能。「敗戰」是一個民族對於過去自我的全盤否定，所以戰後日本的藝術家只能從過去死亡的屍體當中找尋自我的同一性。他們從過去死亡的灰燼、都市破敗的殘餘物當中創造出讓西方吃驚的前衛藝術表現形式。伊恩在東京所相遇的寺山修司、鈴木忠志、唐十郎、土方巽、大駱駝艦等，基本上都是這個時代的產物，西方的藝術家對於他們的作品一定覺得既「前衛」又「日本」。

以寺山修司、唐十郎、鈴木忠志以及佐藤信等人為首的前衛劇場運動出現在六〇年代後期，這被稱為「地下戲劇」（アングラ）的戰後第一世代的劇場人，他們大多出身於學生劇團，以六〇年的「安保鬥爭」，以及七〇年的「學生運動」做為時代背景，他們的表現形式十分多樣分歧，但卻有一個共同點，就是對於當時成為日本現代戲劇主流的「新劇」展開質疑與反叛。反映六、七〇年代日本社會的激烈氛圍，當時的前衛戲劇以徹底的激進為能事，就像書中作者所描寫的那樣，每場寺山修司的演出都是社會版的醜聞，而唐十郎的紅色帳篷則是綻放在新宿罪惡泥沼當中的毒花。但是，這世代劇場人儘管政治意識強烈，但是他們對於戲劇卻是純粹的。他們受到社會的關注，卻拒絕政府的資源，他們有一群觀眾的追隨者，對於「市場」卻不在意。這樣的戲劇環境到了八〇年代開始產生劇烈的變化。產生於六〇年代的「小劇場運動」到了八〇年代突然形成一股強大的潮流，看小劇場的觀眾層急速擴大。八〇年代中期日本社會進入泡沫經濟，炙熱的錢潮流入日本市場，不斷推擠日本人進行消費，在文化上造就出八〇年代的「小劇場狂潮」。當時具代表性的導演野田秀樹，他的劇團「夢的遊眠社」（夢の遊眠社）每一檔作品觀眾總動員數多達五六萬人之多，這對於小劇場而言至今仍是個難以置信的數字。觀眾人數的暴增造成非商業劇場的小劇場開始走向「市場化」、「專業化」以及「職業化」。另外，自從一九八〇年日本總理大平正芳出版文化政策白皮書，宣告日本即將邁入「文化的時代」以來，日本的行政目標，將從「拚經濟」，轉移到「以文化為主軸」。之後日本政府對於藝文創作開始實施經常性的補助制度，八〇年代戲劇產業結構產生急遽的變化。對於作者在日本所接觸到的鈴木忠志、寺山修司、唐十郎、土方巽，麿赤兒等人而言，他們七〇年代末期所面臨到的是戲劇產業結構性轉換，同時也是戲劇理想主義的最後瞬間。

本書所有關於日本的電影圈、戲劇圈以及攝影圈，都是透過「老外」，尤其是以「西方人」的觀點所描述的，而這種觀點，無疑會「讓日本更像日本」。但是，作者並不企圖抹消自身的觀點，或者設法讓描述增加「客觀性」，相反的，作者在描述當中暴露自己「老外」的身分。作者善用自己「老外」的身分，自由進出於日本藝術圈，方便探尋東京角落，以及交日本女友，作者原本樂觀以為可以深入日本人群體的核心，但是最後發現在日本自己終究只是「外人」，作者將自身的遭遇赤裸地呈現在書中。或許，存在於西方與日本之間的「東方主義」與「西方主義」才是本書的主題也說不定。

「老外」在日本的特權，除了歸因於自「黑船」以來日本對於西方文明所懷抱的自卑感之外，日本戰後對於自我的不安與喪失感更是重要因素。戰後的日本希望透過他者的眼光來重新建構自我，而藝術，雖然更複雜，但卻不例外。我們可以將《情熱東京》視為作者伊恩的「日本人論」也不為過。日本人際關係「內」與「外」的界線、集體主義的社會原則、「擬似家族組織」的劇團概念、以「禮節」作為社會秩序的原則、對於「日常」與「非日常」的區隔等等，作者以親身經歷為基礎，犀利剖析日本的藝術界。「老外」之所以被日本藝術圈接納，是因為戰後的日本人急於重建自我的需要，而對於「自我文化」的理解，本就必須透過「他者文化」。而這種「他者眼光」的代表，是美國人類學家露絲．潘乃德（Ruth Benedict）的著作《菊花與劍》。

《菊花與劍》是在戰爭期間，美國警覺到自己對於這個奇特的敵國一無所知，因此羅斯福總統於一九四四年命令人類學家潘乃德對日本進行研究。潘乃德的研究有兩個值得注意之處，首先因為當時處於戰爭狀態，潘乃德在未曾踏上日本國土的狀態之下，僅憑藉文件資料，以及對於旅美日僑、日本戰俘的採訪完成這項研究。另外，這個研究是在戰爭的框架之下，在一九四四年的當時，美國已經預先看到戰爭的勝利，為了戰後對於日本的統治所需而進行研究。儘管如此，潘乃德的人類學素養讓研究超越戰爭的情境與文化偏見，以「文化相對主義」的立場對於日本進行相對客觀的觀察。所謂「文化相對主義」是認為所有的文化都有其獨自的價值，文化的價值成立於文化的內部，因此無法以其他文化的價值標準加以衡量。潘乃德站在「文化相對主義」對日本文化的「特殊性」進行描述，其中尤其「集團主義」與「羞恥的文化」這兩點，對往後日本人進行自我文化的理解方式具有決定性的影響。

戰後出現大量由日本人所書寫的「日本文化論」或者「日本人論」，其背後當然是因為戰敗後的日本人自信心之自我回復。《菊花與劍》於一九四八年在日本翻譯出版，而潘乃德所描述的日本文化「特殊性」，成為戰後「日本文化論」日本人自我形容的特質。換句話說，美國在戰爭時期對於日本人特殊性的描述，成為戰後日本人自我認同的回復過程當中，自我構築時所仰賴的「他者視線」。在冷戰結構之下，對戰後日本而言，美國已經成為不可分割的「對」。如同六〇年代的「安保鬥爭」，在表面上是個「反美」的運動，日本企圖抵抗美國來建立自我，藉由「反美」的「否定性」來「自我肯定」。但是，這種「反」的構造，正如同大澤真幸所指出，在本質上卻只是反映出戰後的日本，無論是在政治、經濟或者文化上，美國已經是「同盟」這個無可改變的事實。

所謂「東方主義」，是西方想像中的東方，並且西方將自身的壓抑以慾望的方式投射在東方想像當中。在「戰後」的結構當中，日美間的「東方主義」更以「性的慾望」形式所呈現。在終戰時期，就像是《擁抱敗戰》書中所刊登的，身穿傳統和服的日本女性迎接美國大兵的那張照片所顯示的，美國士兵與藝妓，以「纖弱柔順的女性」與「強壯可靠的男性」表象了美日的關係。但是到了八〇年代，在「日美貿易摩擦」的時期，日本人的形象成了「企業戰士」，戰爭時期日本軍人的男性形象再度登上美國人的想像舞台。伊恩在《情熱東京》書中不只將日本描述成慾望的對象，同時也描述暴力，那被以男性形象顯現的，一觸即發的衝突。最後故事以作者離開日本為結局。我喜歡這個結局，因為那是他者之間以慾望為開始，以暴力為結束，最逼近現實界的結局。

林于竝

國立台北藝術大學戲劇系副教授，出生於台灣彰化，輔仁大學大眾傳播學系畢業，早期曾加入「蘭陵劇坊」以及「筆記劇團」，曾任《中時晚報》記者，一九九一年赴日留學，專攻日本戰後劇場運動史，日本國立廣島大學社會科學研究所博士。曾擔任「台新藝術獎」、「日本導演競賽」評審，以及二〇一一年度日本「東京國際藝術節（F/T）」駐地劇評家等。主要學術著作有《日本戰後小劇場運動當中的空間與身體》（二〇〇九年十月，台北：國立台北藝術大學出版社）以及《日本戰後劇場面面觀》（二〇一〇年九月，台北：黑眼睛文化出版社），譯著有《文化就是身體》（鈴木忠志原著，劉守曜合譯，二〇一一年一月，台北：PAR 表演藝術雜誌出版社）、《文化立國論》（平田織佐原著，二〇一七年九月出版，書林出版社）等。

導讀

旁觀者的焦慮：讀伊恩．布魯瑪的《情熱東京》

湯禎兆

伊恩．布魯瑪的新著《情熱東京》（*A Tokyo Romance*, 2018），當然可以有多種讀法，尤其是他作為西方日本通名家之一，個人化的東京流浪誌記，對「外人」而言就更容易產生一種代入感，誘使大家依循他的角度去觀照日本。

軼事對照記

當中尤其記述了不少他與日本文化界名人交往的事跡，包括有電影界的黑澤明、川喜多長政、牛元虛彥、山口淑子、足立正生及小林薰；舞踏界的大野一雄、土方巽及麿赤兒；劇場界的寺山修司及唐十郎；攝影界的荒木經惟及立木義浩；西方的日本通唐納．李奇（Donald Richie）及約翰．內森（John Nathan）等等，本身正是文化大觀園的文字速記簿。

只是文化名人軼事記，我建議大家最好以消閒角度看待，不必太過認真。大家要明白文化界與時尚潮流界，其實也有共同之處——要酷透就必須語不驚人死不休，對發聲及紀錄的主客雙方來說，彼此都深明背後的潛規則所在。舉例而言，書中提及寺山修司在坎城看過大島渚的《感官世界》，直言「一點意思也沒有，多數的羅曼情慾的電影都比它好看。」驟眼一看，讀者很容易得出寺山修司相輕大島渚的印象，但其實在寺山修司死後三十年「寺山修司◎映像詩展」的影後座談會中，與寺山修司（編劇）曾合作了六齣電影的篠田正浩，便憶述當與寺山修司一起構思《乾涸的湖》（1960）劇本時，隔壁房間正是大島渚組在撰寫《大陽的墓場》劇本，寺山修司當時已把大島渚的政治行動意識，融入自己劇本中云云。

此所以從軼事記的角度而言，我一向喜歡由對照的角度入手，循此往往可得出更立體的清晰輪廓。書中提及與唐納．李奇合作出版攝影集《日本刺青》（*The Japanese Tattoo*, 1980）的往事，其實在唐納．李奇的《日本日記》（*The Japan Journals: 1947-2004*, 2005）中也有記述。有趣的是，兩書對提及訪問刺青者的感受及刺青因由大異其趣。唐納．李奇從兩名廚師刺青者身上，看到單純而不造作的歷史愛好者身影——「他們在一九七八年就像在一七七八年般舉止自然」。而伊恩．布魯瑪則顯然對最常見的熱愛傳統答案甚不滿足，反過來強調刺青者背後追求的一種隱性社群連繫，透過共同品味的徽記，滲透出與別不同的現實優越感。甚至當刺青大師二代目彫文提出為他刺青，伊恩．布魯瑪最後也婉拒了對方的好意。即使同被視為西方的日本通代表，二者的「內外」定位仍是有明顯的差別。

旁觀者的焦慮

只不過從軼事紀錄者的身分切入，當中的旁觀者角色，我覺得更值得玩味及深思。首先，伊恩．布魯瑪非常自覺地強調自己的「外人」位置，把東京流浪經歷，視之為一次文化認同的探索之旅。事實上，此亦是全書的主軸脈絡所在，由他自己的多元種族背景開始（父系的荷蘭新教文化及母系的英猶文化），到在洛杉磯遇上友好諾曼．米元（Norman Yonemoto）及其弟弟布魯斯，在性與迷幻藥的解放後，兩名有日本血統的青年正好突顯出兩種截然不同的文化認同態度——哥哥認為自己是美國人，在美國可以從心所欲改造自己；弟弟則世故地看透在白人眼中，他們永遠是亞洲人的不爭事實。而此正是伊恩．布魯瑪執持從「外人」角度，切入異文化領域的立足原點所在。正因為看過寺山修司劇團天井棧敷的演出，當中的文化衝擊催促他產生要愈快去東京愈好的念頭；但另一方面，又不斷強調自己深受邊緣人身分所吸引，並歸因於來自文化交雜的家庭背景使然，聲稱在邊緣打轉是個人覺得最舒適的位置。上文提及不願接受刺青的軼事，也可說是以上心態的顯影之一。

可是在作者對旁觀者的自我解讀背後，我對此概念的陰影部分有另一重理解。從文化交雜的背景去解讀旁觀者，是一種迎合當今知識份子圈的理所當然策略。細心的讀者畢讀全書，不難發現伊恩．布魯瑪採取的「外人」角度，和上文提及的荷蘭新教文化又或是英猶文化等潛背景，其實沒有甚麼互動的舉證往還。反過來對作者而言，最深刻的旁觀者焦慮，其實源自創作人與評論人角色之間的失衡。前者透過主動介入，釋放繆思，建構風光地位絢爛成就；後者恪守旁觀位置，慎思明辨，點破創作背後奇經八脈。此所以在書中的前半部分，伊恩．布魯瑪若即若離地審視東洋文化的奇觀，盡量保持旁觀乃至批判者的眼光，以記者又或是採訪者角色出入不同的文化現場，反映出由「外人」到旁觀者至評論人的崗位，本來正是他自我設定的理想定位。

可是讀者一直追看《情熱東京》下去，便會發現伊恩．布魯瑪逐漸不安於位。我在此佩服作者的誠實勇氣，再三把自己「創作」上的失敗瘡疤清晰剖陳。在麿赤兒的「大駱駝艦」中，他是一名蹩腳的舞者，甚至把「舞蹈性愛機器」的王牌女舞者杏摔在舞台地板上！後來又以電影學校學生身分拍成處女作短片《初戀》，結果此病態習作的水平，連自己也覺得不堪入目，後來僅因為恃著「外人」的特權，讓他在川喜多長政之女川喜多和子經營的「法蘭西映畫社」下，得到放映的機會——諷刺的是，同一映室曾放映如大島渚及高達等世界名導巨匠的作品。至於後來全情投入於唐十郎劇團麾下，更加儼然屬性格分裂的體現，把一直構築的「外人」角度自我摧毀殆盡。

謀殺唐納・李奇

如果要我說出肺腑之言，《情熱東京》其實是一本「弒父」文本——謀殺對象正是書中明示的三名紀念人物之一：唐納・李奇。而且讀者也不難發現，其他兩位紀念對象（寺山修司及諾曼・米元），與唐納・李奇對伊恩・布魯瑪的影響力而言，委實完全不可同日而語。

此處所謂的「弒父」，所指的正是唐納・李奇作為伊恩・布魯瑪文化啟蒙上的師傅／導師角色。由身處東京前流露出對他的徹底佩服（揶揄而疏離的詼諧感，洗練卻不至於八股拘泥），以及不斷遭人提點要遠離唐納・李奇那夥人遠一點，到抵達東京後，經常受到唐納・李奇的指引。而唐納・李奇的自處之道，更可視之為與諾曼・米元兄弟討論身分認同的直接回應——在日本千萬不要誤以為有一天可以得到跟日本人一樣的對待，那是絕不可能的。但作為「外人」生活於日本，可以完全豁免於森嚴的規條網絡中，非常舒適自在，這才是徹底而根本的自由。套入諾曼・米元兄弟的話語，在美國只有不妄想成為美國人，安於有別於日本血統的「外人」身分，才可以體驗到真正的徹底自由。

在《情熱東京》所記述關於唐納・李奇和伊恩・布魯瑪往還的片段中，審慎覽察自會發現作者對前者的一些逆反聲息。正如他早已指出原來唐納・李奇不會閱讀日文或中文，並直言算他好運，且借日本文學研究者愛德華・賽登斯蒂卡之批評揶揄一下。而當唐納・李奇帶領伊恩・布魯瑪到上野不忍池旁的電影院朝聖，作者顯然對前者視為珍寶的性愛天堂不感興趣，逗留片刻已急欲離開。但當電影院內的尋歡者對唐納・李奇摯誠地敬稱為老師時，他又不禁體會到純真的氣息。

正是以上的反悖體現，令我們在《情熱東京》中，得以窺伺出作者與唐納・李奇千絲萬縷的關係。以書論書而言，我從《情熱東京》好像看到一冊唐納・李奇綜合讀本；記名人軼事，我想起《日本人的肖像：不同人的畫像》（*Japanese Portraits: Pictures of Different People*, 2006）；跟隨劇團的演出流浪誌記，浮現《內海》印象（*The Inland Sea*, 1993）；日記式的零碎淺思，自然是《日本日記》的變奏；對不同日本俗豔文化現象的剖析速記，與《側面看法：當代日本文化及風格短論》（*A Lateral View: Essays on Culture and Style in Contemporary Japan*, 1992）當可對照並讀。甚至歸根究底，在伊恩・布魯瑪的《情熱東京》之前，唐納・李奇其實也早已有自己的《東京》（*Tokyo*, 1999）讀本。

伊恩・布魯瑪是徹頭徹尾的影迷，在記述鎮日流連於國家電影中心觀影的日子中，讀者當可感受到同道中人的喜悅。由成瀨巳喜男到木下惠介乃至大島渚，可看出他逐步踏出唐納・李奇為西方讀者圈定的黑澤小津畛域。有趣的是，在後來的日本歷程中，作者選擇一頭栽進戲劇圈的世界，在麿赤兒麾下體會暴力在眼前的窘境，且直接成為唐十郎組的一員，正好意識自己在走一條與唐納．李奇大相逕庭的道路。唐納．李奇更曾警告作者：成為知名藝術家的親信甚有風險，正如他大大提升了黑澤明在西方人眼中的地位，但也極力迴避大導演深夜的醉酒召喚，以保持距離維持自主，好作觀察及加以評論。

此所以《情熱東京》，我認為正是伊恩．布魯瑪和唐納．李奇的貴重交往乃至精神省思激盪後的印記讀本。伊恩．布魯瑪由抱持「外人」的立場進入日本，到「弒父」投入日本前衛戲劇界成為箇中一員切入「內線」，經過六年體驗後再度離開日本。內外觀照，角色轉移，勾勒出作為日本文化評論家伊恩．布魯瑪方方面面的根源。是書除了作為文化遊歷的尋根讀本閱覽外，我認為更加適合徘徊於創作人及評論人身分之間，一直猶豫不決的人仔細捧讀——伊恩．布魯瑪的旁觀者焦慮，肯定是跨時空泛文化的普世文化愛好者的共同困惑。

湯禎兆

香港作家，專研日本文化研究及電影評論。前者相關著作有《整形日本》、《命名日本》、《日本中毒》、《日本進化》、《人間開眼》、《亂世張瞳》、《悶騷日本》、《殘酷日本》及《失落日本》等；後者有《日本映畫驚奇》、《香港電影血與骨》及《香港電影夜與霧》等。二〇一三年榮獲香港藝術發展局頒發年度最佳藝術家獎（藝術評論組別）。

目次

情熱東京

一九七〇年代回憶録
日本最後的前衛十年

A Memoir by Ian Buruma

A Tokyo Romance

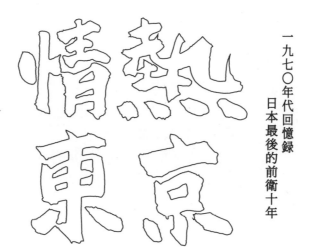

文化啟蒙必然導致蛻變，如果不接受被所學而改變的風險，
我們什麼外國價值都學不到。

——李克曼，《無用殿堂》

外人ヌード
イタリア娘
月 日

紀念——

唐納・李奇

諾曼・米元

寺山修司

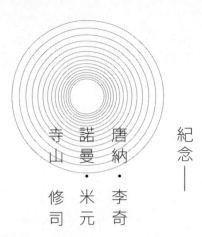

1

那是一九七五年的夏天，男人在阿姆斯特丹的閣樓公寓裝潢簡練。那個男人給了我一些建議，我想不起他的名字，但隱約記得他的長相：鷹勾鼻，修得很短的灰髮，身穿優雅的棉質或亞麻西裝外套。我猜他大概六十多歲，可能是設計師或退休的廣告主管。他在日本住過幾年，退休後住在阿姆斯特丹。在我關上大門離開之前，他對我說的最後一句話是：「離唐納．李奇（Donald Richie）那夥人遠一點。」

唐納．李奇將日本電影介紹到西方，我對他所知不多，他是位小說家，寫過一本很有名的日本內海遊記，克里斯多福．伊舍伍（Christopher Isherwood）對此書讚譽有加。我後來才知道，李奇也是一九六〇年代的經典日本前衛短片導演。我讀了兩本他寫日本電影的書，他的書寫風格馬上吸引了我：揶揄而疏離的詼諧感，洗練卻不至於八股拘泥。閱讀李奇的書讓我想認識他，這對粉絲而言通常很危險，因為最終很容易徹底幻滅。書封上沒有太多作者的介紹，但一九七一年的《日本電影》是在紐約寫就，所以我猜他是美國人。

無論如何，我仍在阿姆斯特丹。就我所知，李奇應該旅居美國或是日本。再過一兩個月，我將在人生中首次前往日本。我訂了巴基斯坦國際航空公司的機票，也註冊了東京日本大學藝術部電影系，還拿到日本政府提供的獎學金支付生活開銷。想到可以搬到東京去住幾年，我既興奮又緊張。我會不會孤單想家，結果花大把時間寫信給六千哩外的親友？我會不會待幾個月就打道回府，大受打擊？當時，我有個叫壽美繪的日本女友，她也會一起搬到日本，但我心中焦慮依然不減。

李奇寫日本電影的書中最吸引人之處，在於他用電影來揭開日本生活的種種面向，讀者能對日本人產生鮮活的形象：他們在戀愛中、盛怒下的反應；面對命運時苦樂參半的順從；他們的幽默感；對於事物無常的敏銳；個人慾望與公共義務的緊張關係，諸如此類。

在日本電影中，李奇所鍾情的那個日本並不特別有異國情調，反正異國情調向來不是日本吸引我的主因，我也對於追尋文化傳統上興趣缺缺，什麼佛教禪學、茶道，更別提嚴格的武術訓練了，我都意興闌珊。李奇筆下那些電影中的虛構角色看來很像一般人。跟我看過的美國電影甚至歐洲電影相比，日本電影中的角色更有人性。或許是因為在不熟悉的場景中展現人性的共同點，才讓我有這種感覺，也許日本最讓我感到興奮的一點在於，文化的陌異混雜著從電影中看到的原始人性，但這只是個模糊的想法、我內心浮現的意象。這些電影有的是我在阿姆斯特丹和倫敦的藝術電影院看的，有的是在巴黎的法國電影館看的，有的則只在唐納・李奇的書中讀到。

其實我會一腳踏入日本是個意外。我的家鄉海牙有股懷舊的「東方味」，因為從東印度殖民地返鄉的人退休後，會住在十九世紀的海邊大宅院中，一邊抱怨又濕又冷的天氣，一邊想念當年愜意的生活：俱樂部、熱帶地景，還有僕人。即便如此，亞洲文化幾乎從未出現在我的荷蘭童年中。我喜歡印尼食物，這是近代殖民歷史的少數回憶，還有荷屬東印度風味的奇特中華料理：巨無霸春捲、油膩的炒寬麵，配上用辣椒與蒜頭做成的火辣印尼參巴醬（sambal）。這樣的料理顯得粗糙，因北歐人的貪嘴盡失原本的細膩。姑姑很不幸地在二次世界大戰前夕被送往荷屬東印度擔任奶媽，後來有大半時間都在格外陰鬱的日本戰俘營中度過，因而對那裡沒有絲毫懷舊之情。

亞洲對我來說沒什麼特別的意義，可是自我有記憶以來，我便夢想離開這個安逸而有點無趣的中上階級環境，這裡的世界有花園灑水器、俱樂部專屬領帶、橋牌派對以及夏日網球的拍擊聲。孩童時的我著迷於阿拉丁摩擦神燈的故事，很有可能是其中充滿魔力的旅行和遠方的國度（阿拉丁住在中國某個城市裡）留下某種印記，無論如何，海牙並不是我想終老一生的地方。

或許我從早年便對祖國帶有偏見。我母親是生於倫敦的英國人，是英—德—猶家族的長女，家族的文化素養很高，在我這個鄉巴佬眼中看起來無比優雅世故。我景仰的舅舅約翰．史勒辛格（John Schlesinger）是名聞遐邇的電影導演，同時也是出櫃的同志。舅舅社交圈中的演員、藝術家、音樂家更為這精緻的氛圍增添色彩，讓我渴慕不已。如同許多藝術家，約翰相當自我陶醉，也樂於接受新的感官刺激，任何可以激發他想像力的事物都行。他渴望娛樂、驚喜、刺激，因此我總想讓他留下深刻的印象，不時表演、模仿各種言行舉止、穿著風格，或發表我認為會引起他興趣的意見。想當然耳，儘管做足了樣子，我從不覺得自己夠有趣。回想起當時那些努力，已經不是「尷尬」二字可以形容。

事實上，表演對我而言很自然，我在兩種文化中長大：父親那方已經逝去的荷蘭新教文化，以及母親這方被同化的英猶文化。我在兩者中都可以「湊合」，卻從不覺得自己在哪邊能如魚得水。我的命運是對於幾乎所有事物都一腳進、一腳出。「過得去」是我的預設狀態。當我還住在荷蘭的時候，我從未懷疑過魅力永遠在他方：在倫敦，特別是在舅舅的住處。不過我希望目的地越遠越好，在一個我無須選邊的地方。

當我終於從學校解脫，前往倫敦暫居一年時，「哈亞洲」成為時尚：坐福斯巴士前進印度的嬉皮之旅、對拉維．香卡（Ravi Shankar）的西塔琴音樂有膚淺的認識、販售大麻用品與圖博飾物的茶行中的甜膩線香味道。我在英格蘭時認識一些印度嬉皮，他們充分利用自己的神祕東方源流，在易受人左右的歐洲女性之中，他們很吃得開，遠遠超乎我希望自己達到的境界。當中有一位叫麥可，是來自班加羅爾的阿薩姆省基督徒。他跟我一樣都很愛演，將他充滿異國風情的誘惑發揮得淋漓盡致。

我第一個認識的日本人根本不是真正的日本人。在一九七一年進大學念書之前，我並未搭乘福斯巴士向東取經，反而往西到了加州。那一年我十九歲，寄宿在舅舅洛杉磯友人的家，他是個酗酒的腦神經外科醫師（我聽說他手術時手很穩）。他介紹我認識一位很認真的年輕人諾曼．米元（Norman Yonemoto）。他身形高瘦，有著近視的大眼睛，激動時會嚇人地凸出，說起來諾曼和扮演日本偵探「原先生」的德國演員彼得．羅荷（Peter Lorre）有點像。如同許多流浪到洛杉磯的年輕人一樣，諾曼也有電影夢，但眼下只能拍男同志色情電影，酬勞還可以，諾曼非常認真地對待男同志色情電影，畢竟他是個藝術家。

諾曼是第三代日裔美國人，從小在現稱矽谷的地方長大，他的父母以養花為業。諾曼擔任我的洛杉磯嚮導，開著銀色福斯金龜車馳騁在高速公路上，他那北歐面孔的男朋友尼克多半也會作陪，不過我們不怎麼談到日本。我們徜徉在聖塔莫尼卡大道上，年輕俊俏、沒能在電影中發跡的小伙子悠閒地靠在路邊車上，眼神逡巡希望可以搭上便車。我們晚上到了城裡，在破敗霓虹燈閃爍的幽暗舞廳裡，墨西哥女孩靠著跳舞掙錢。充滿威脅感的小酒吧聚集在曾經光鮮亮麗的裝飾派藝術電影院之後，變裝癖者在其中試圖勾搭酒醉的貨車司機。酗酒的腦神經外科醫師帶我們到一個迷你的西部小鎮，某個色情主題公園，叫做男子漢之城（Dude City）。穿過雙開百葉門的沙龍裡，裸男一絲不掛，穿著牛仔靴在吧台上跳舞。一個穿著白色T恤、有著小麥色肌膚的年輕男子吻了我，外科醫師輕聲笑了起來，說他是台灣人。

這就是諾曼的世界，似乎和日本相差十萬八千里。而我處在一種令人著迷的文化震撼中：南加州是我到過最有異國情調的地方，和我後來看過的地方相比亦然。在歐洲人的眼中，這裡比加爾各答、上海、東京都還要奇特。無論諾曼在聖塔莫尼卡郡的花園裡受過什麼樣脫節的日本式教養，都早已在他的加州夢中消失殆盡，取而代之的是火熱的性愛與拍電影，他全心擁抱洛杉磯的俗艷光彩。

火熱的性愛非我所好，在男子漢之城中，來自台灣人的吻大概就是極限了。我當時的性生活只有與一些女孩、幾個男孩的摸索試探，我大部分的性知識，都要感謝一名來自斯圖加特、比較有經驗的女孩。她留著一頭金色長髮，神態像女武神，用無比的圓滑與溫柔在倫敦手把手地引領著我。而我在實戰經驗上的欠缺，就用各種見聞來彌補：出入同志酒吧、在洛杉磯城中大街閒逛、看我從來沒看過的事物。我以為這些經歷讓我比較接近舅舅和其友人的老練世故，同時也遠離了海牙的花園灑水器——後者可能才是我的重點。

諾曼的弟弟布魯斯和哥哥大不相同，有一天他從柏克萊來加入我們，他在那裡學藝術。像我一樣，他還在摸索自己的性傾向，布魯斯比哥哥權謀，尋釁好辯，「熱衷」於法國理論家。和洛杉磯相較之下，巴黎才是他心目中智性的中心。布魯斯與諾曼不同，他對日本很感興趣。之所以會知道這點，是一晚我們三人做了當時相當流行的事：在一起服用迷幻藥（LSD）之後，我們去了位於橘郡中心的迪士尼樂園。

儘管有點糊在一起，我對那晚的記憶依然鮮明：至上女聲合唱團（The Supremes）在一個鍍金的舞台上表演，每唱完一首歌都會換上一套金光閃閃的服裝，這大概就是我記得的事情。諾曼搭乘「小小世界」參觀用童趣諷刺畫風描繪的各地文化，他一講到南加州場景，眼睛整個亮了起來。在我迷亂的精神狀態下，我一直在想這一切到底意義何在，這導向關於「它」這個字的熱烈討論。

相對於諾曼天真的熱情，布魯斯柔和圓潤的臉有點像是日本菩薩的畫像，不會透露太多心事。但我們拜藥物所賜的加州魔幻世界體驗，引發了一場關於認同的爭辯。撇開「它」的意義，我們開始著眼於自己是誰，來自何方。諾曼激動地大喊：「我們是美國人，我們可以自我改造，我們可以隨心所欲做自己。」布魯斯則說：「那幾千年的日本文化怎麼辦？這又不可能一夕消失。況且，當白人看我們的時候，他們不會看到美國人，他們看到的是亞洲人。不管我們喜歡與否，我們都是亞洲人。」

我在討論中沒能貢獻什麼，或許在他們認真嘗試自我定義時，也不應該多說什麼。然而我覺得那天晚上，在加勒比海海盜區以及叢林探險區中間某處，埋下了我未來前往日本的種子。在那之後不久我回到荷蘭，決定了以後上大學要念什麼。我試了一兩個月的法律，發現我不適合。我已經在倫敦的柯陶德研究所接觸過一點藝術史，我在那裡的畫作圖書館工作，參加藝術史家兼前蘇聯間諜安東尼·布朗特的畢卡索講座。有一天，當我在研究米羅的畫作時，我感到一股男人的沉重氣息倚在我肩上，讚嘆著：「這是藝術嗎？」他是一個穿斜紋軟呢西裝外套的傢伙，研究中世紀英國教堂組織的專家。我的結論是藝術史也不真的適合我。

於是我一頭鑽進中文世界。中文與眾不同，聽起來非常迷人，有一天可能會用上，我喜歡中國菜，我內心深處可能還藏著阿拉丁、迪士尼樂園，或男子漢酒吧的台灣男生。

當年是一九七一年，中國仍處於文化大革命的最終鬥爭，萊頓大學裡沒什麼人想學中文，更沒有什麼人此生有機會造訪中國，因為只有中國友人組織邀請的旅遊團能夠入境，他們可不是我的朋友。漢學系系館很小，前身是間瘋人院。我的同學可以精準地分成兩類：仰慕遠方浪漫的毛派夢想家，以及想要將餘生浸淫在唐詩或漢代律法等學術領域的學者。我兩類都不是，也從未成為快樂的漢學家。大一那一年，我花在阿姆斯特丹的DOK迪斯可俱樂部與中國男孩跳舞的時間，遠比學古典中文的時間來得多。最初在倫敦印度人身上瞥見「東方」的感官誘惑，在DOK的舞池中更加具體而微，是讀孔子的《論語》所不及。

中國似乎遙不可及，坦白說很抽象，像是遙遠的星球。而我們必須讀的當代文本，節錄自共產黨的出版品，諸如《紅旗》或《人民日報》，內容充滿官方修辭的死板術語，無趣至極，古典中文的精簡美妙蕩然無存，這讓我對當代中文的興趣迅速乾涸。其中一個對中文書寫簡潔傳統最糟的侮辱是：句子沒完沒了，彷彿是卡爾．馬克思的德文直譯，濃重的諷刺感多沿襲自蘇聯的官方風格，而非中國的敘事傳統。

接著發生兩件事，將我引導到另一個方向。我看了一部楚浮的電影，叫《婚姻生活》（*Bed and Board, Domicile Conjugal*），故事相當簡單，有個巴黎的年輕好男孩叫翁湍（由楚浮最喜歡的演員兼密友尚皮耶．李奧〔Jean-Pierre Léaud〕所飾）與法國好女孩克里絲汀甫新婚（克勞．德．賈德〔Claude Jade〕飾），她已經懷了他們的第一個孩子。有一天，在為美國企業工作時，翁湍認識了京子。京子是日本企業客戶的女兒，她腰似柳枝，黑髮如瀑，蒼白圓臉上一雙黑眼睛，穿著精巧的和服，京子由著名的皮爾卡登模特兒松本弘子飾演，她在螢幕上閃爍如神祕的東方綺夢。

她也恰如其分地呈現出這樣的幻象，翁湍無可救藥地迷戀她絲綢般的美麗，以及奇異優雅的行止。在玻璃水杯中的小紙花開，透露了她對翁湍的愛戀，以及同樣有異國情調的雕琢。此時孩子已經出生，而克里絲汀察覺翁湍對她不忠。有段時間翁湍無法自拔，但最後綺夢逐漸褪去。京子與他無話可說，紙花與甜蜜的瑣碎已不足惜。他渴望克里絲汀身上熟悉的布爾喬亞確定感。東方幻想消逝，翁湍回到現實生活。夫妻與兒子重新相聚在踏實的法國土地上。

這是部迷人的電影，或許不是楚浮最好的電影，但聰慧有趣。我想重點是警告觀影者不要被異國情調的幻想所惑，真正的情感深度只可能在有共同文化的人身上找到。想跨越語言與共享價值的邊境，最終只會導向幻滅。

我恐怕拒絕接受這個訊息，我與京子陷入愛河，我想要在生命中擁有京子，或許甚至不只一個，在充滿京子的國度中，我將多麼幸福。

二十多年後，當時我住在倫敦，我獲邀擔任一個小法國影展的評審。在評審團成員中，有位時尚的中年日本女士穿著和服，淺藍底色上有著粉色櫻花圖樣。她就是前皮爾卡登模特兒與楚浮電影中的明星松本弘子，現在是某大法國品牌時尚總監的太太。我告訴她我曾無可自拔地愛上她，她用柔軟清亮的聲音回我：「這話我常聽到，你不是第一個這麼說的人。」一

應該是一九七二或一九七三年，我初次見到京子，是在阿姆斯特丹的密克里劇院（Mickery

Theater）看到寺山修司劇團天井棧敷的演出時。密克里劇院的前身是一間電影院，裝飾藝術風格完好無損，有好些年都是全球前衛劇團的聖地。年輕的威廉．達佛（Willem Dafoe）與X劇團（Theatre X）和之後的伍斯特集團（Wooster Group）都曾在那裡表演。也有來自波蘭、奈及利亞與各大西方藝術首都的團體。最難忘的一次莫過於由加州聖昆丁的監獄犯人所組成的戲劇工作坊，一群女人大排長龍，繞戲院一圈只為了與犯人見面。我以前會定期去密克里，演出後與演員在咖啡廳閒聊，這在當時很普遍。

天井棧敷的字面意思是劇院最便宜的位子，或是英文裡的「眾神」，劇團來自東京。創辦人寺山修司總監是個冷淡又充滿魅力的人物。他穿著深色西裝與藍色高根丹寧鞋，身兼詩人、劇作家、散文家、小說家、攝影師、電影工作者。他就像是東京的吹笛人，在身邊聚集了一群來來去去的隨從，有逃犯、邊緣人、怪胎，在他的超現實幻想劇場中擔任活道具。寺山的劇作與電影承接了各種西方的影響，有點費里尼（Fellini），有點羅伯．威爾森（Robert Wilson），但更多的是日本遊樂場娛樂、嘉年華怪胎、脫衣舞表演與別的低俗劇場形式。

第一次看天井棧敷就像是從鑰匙孔偷瞄各種獵奇殊異的怪誕偷窺秀，我從來沒看過任何稱得上類似的作品。這喚起我的記憶，像是一個從內部點亮的魔術箱，裡面滿是用我小時候的胡思亂想編造的物品。

我一九七二年在密克里看他們的第一齣戲叫做《鴉片戰爭》（阿片戰爭），與其說這是個完整故事，不如說是一系列的舞台布景。《鴉片戰爭》是劇院外的戶外演出，一群引導將觀眾領到不同的房間，房間飾有日本老電影海報、情色木版畫的誇大細節、俗豔的漫畫書，以及看起來像是從一九二〇年代妓院撿回來的道具。裸女以各種奇特的姿勢花枝招展，腹語術表演者化上粉白的歌舞伎妝，穿得像法國畫家土魯斯—羅特列克（Toulouse-Lautrec），並透過手偶說話。同時有個戴著黑警帽的性愉虐女王鞭笞他，口中一面背誦日本詩。來自日本古老鬼故事中的怪物穿著和服，與化上女妝、穿著二戰軍服的男人廝混。一絲不掛的男人全身上下刺滿了漢字，一名穿著紫色旗袍、年輕漂亮的女子一刀砍下活雞的頭。整個瀰漫暴力的氛圍，有時，觀眾甚至會被關在金屬籠中。這讓一位年長的男觀眾恐慌症發作，因為他想起幼年時被關在日本戰俘營的經歷。在一場德國的演出中，觀眾席意外著火，更謠傳有演員與觀眾互毆，這也符合寺山對「劇場即犯罪事業」的想像。演出有音樂伴奏，有時輕軟誘人，有時震耳欲聾，幾近邪惡，混合著平克佛洛伊德式的迷幻樂段、戰前日本流行旋律以及佛教梵唱，由一個戴著高帽的長髮男子J．A．西薩（J. A. Caesar）* 作曲演出。整場表演詭異至極、誇張過頭、無法

---

* 編按：J．A．西薩是寺原孝明（1948-）的藝名，日本作曲家，與寺山修司過從甚密，作品很受六〇年代的大學生歡迎。

理解、變態情色、駭人聽聞，但絕對難以忘懷。

演出後，年輕的小演員聚集在咖啡廳裡，但因為只有少數人操著破英語，表演者與大眾的藩籬幾乎沒有消失。他們的打扮就像西方時尚的年輕人：牛仔褲、皮夾克、靴子、絲絨褲。但也有些人穿著日本木屐與棉製和服。天井棧敷彷彿來自一個似曾相識的世界，依稀可以看到輪廓，卻古怪至極。我知道我目睹的是劇場魔幻，但仍覺得如果東京可以是這副模樣，我一定要加入馬戲團，離開這裡。看過寺山修司和他的劇團後，回到味如嚼蠟的《紅旗》或儒家經典讓我完全提不起勁。我心想，去東京吧，越快越好。

除了離唐納．李奇那夥人遠一點之外，我不記得阿姆斯特丹的那個男人還給了我什麼其他建議，他也沒有解釋為何李奇那夥人這麼可議。儘管我擺出世故的姿態，我還是個生嫩的年輕人（一名法越時尚設計師在DOK迪斯可勾搭我以後，對我說：「你對人情世故所知不多吧？」他還吹噓自己跟亞蘭．德倫〔Alain Delon〕在那邊有一腿），但我已經知道要對某些同志的競爭心態與忌恨惱怒存疑，我不在乎了，前進東京！

天井棧敷

2

一九七五年秋天初見東京時，最讓我驚訝的是這裡像極了天井棧敷的劇場布景。我以為寺山的作品無非是詩人躁動心靈中，極盡誇大的超現實幻想。當然，我沒有遇上穿著十九世紀法國服裝的腹語術師，以及一身皮衣鞭笞他的性愉虐女王。但城市風景本身仍保有一種戲劇感，甚至可以說是魔幻感。此處一切都不隱晦低調，舉凡產品、地區、娛樂、餐廳、時尚種種符碼，俯拾即是，四處散發著渴求注意的氣息。

我在萊頓大學苦學過的漢字，聳立於高速公路或主要火車站外的塑膠看板和霓虹燈上；掛在辦公大樓的橫幅廣告上；寫在電影院和稱之為「歌廳秀」夜總會外的彩繪招牌上，應許各色多數西方城市會藏在大眾視線之外的消遣。在東京，似乎沒有什麼會藏在大眾的視線之外。

我後來才知道唐納・李奇不會閱讀中文或日文，算他好運。正如他的友人、知名日本文學研究者愛德華・賽登斯蒂卡（Edward Seidensticker）* 曾酸溜溜地說：「這些字大多源遠流長，

* 編按：愛德華・賽登斯蒂卡（Edward Seidensticker, 1921-2007）著名的近代史學者、翻譯家，其《源氏物語》譯本備受推崇。

只要你不知道文字的意義，無論是風雅的彩繪或俗豔的霓虹燈，看來深富美麗的異國情調。但它們可能其實是汽水廣告，或是專治痔瘡（在日本意外地普遍）的診所。」

東京的視覺密度撲天蓋地，頭幾週我連走路都有些飄飄然。一個外國人夾在穿著整齊的黑髮人群間孤獨晃盪，路上景物盡收眼底。當時我還無法得體說話或好好閱讀，我只能一直走一直走，常常在新宿或澀谷的街頭曲徑中迷路。多數廣告都和湛藍的早秋天空有著相同的鮮豔色彩，我現在才發覺日本老木版畫的色彩一點都沒有誇大的意思，只不過是精確捕捉日本的光影而已。焦橙金的塑膠菊花一路插在狹窄的購物街道上，標誌秋天的到來。霓虹燈、紅燈籠與電影海報的視覺轟炸與機械噪音的嘈雜相互輝映，聲響來自日本流行歌、廣告旋律、唱片行、酒店、戲院與火車站的廣播，還有咖啡廳、酒吧與餐廳裡，沒日沒夜放送的電視節目。相較之下，天井棧敷中J．A．西薩的背景音樂簡直寂靜無聲。

我並沒有馬上一頭栽進日本生活，有好幾週的時間，在和女友壽美繪一起找公寓之前，我都待在緩衝地帶、文化意義上的中途之家。我有一位叫艾胥利．雷彭（Ashley Raeburn）的英國親戚擔任殼牌石油的日本代表，他和妻子耐絲特（Nest）住在青葉台的豪宅內。青葉台是位於丘陵地的高級住宅區，靜靜俯視東京主要商業區的喧囂。屋子後方是一片廣闊的草坡，四季綠草如茵，每週日我們都在草地上玩槌球。灑水器的聲音讓我想起海牙的童年時光。艾胥利每天乘坐勞斯萊斯上班。用餐時，在散發原木光澤的長型栗木桌上，身穿制服的員工聽到搖鈴召喚，在每道菜結束後上餐。這和在白天浸潤我感官的城市，形成強烈的反差。若我繼續待在艾胥利和耐絲特的住處，東京仍舊會是一場奇觀，某齣劇場表演。每天晚上，我都可以退隱至有著類殖民風、富麗堂皇的青葉台。

我在艾胥利的豪宅中，唯一能瞥見徹頭徹尾屬於日本的，只有「傭人下層」（belowstairs），這是過去英國莊園時期的稱呼。和艾胥利與耐絲特坐在火爐旁，晚餐後輕晃杯中的威士忌，討論著日本與日本人，當然很舒適愜意。但我喜歡在廚房無限暢飲綠茶，努力練習我的破日文，對象有先前擔任警察的搞笑司機、廚子，或晚餐幫我們上菜的和善女士們。坐殼牌勞斯萊斯的便車非常引人注目，對我來說有些困窘。但我喜歡待在下層應該並非反向的傲慢，而是想要穿透日本文化的迷霧。如果我要融入的話，我最好能學得快一點。在那間廚房，我上了交談禮儀的第一課，學習如何依照談話對象使用不同敬語。司機和廚子可以對我用比較親密的語言，因為我的年紀比他們小很多，但我就得用比較恭敬的詞彙來稱呼他們。不單是用語，甚至連人稱代名詞和動詞結尾都會根據年齡、性別、社會地位而有所變化。日文的這個重要環節不但一開始難以掌握，而且隨著語言能力的進步，還會更加重要。我遇到的難題是，因為我的模仿對象是女友，我說的是女用日文，這讓我聽起來像是個嫵媚的變裝皇后。而且我很快就領悟到，講得越流利，禮儀上的缺失對日文母語者來說越刺耳。還好我的日文程度很粗淺，不得體的日文在青葉台無傷大雅。

白天在東京遊盪時，我想起初到洛杉磯的文化震撼，那種處在巨大電影布景中的感覺，布景裝了又拆，綺麗的建築幻想從前一刻的都鐸王朝和墨西哥摩爾風，到下一秒的蘇格蘭宮廷與法國學院派。我震懾於從來沒看過這樣的城市，因為我早習慣了歐洲歷史城市的延續性，我既著迷於洛杉磯，也暗中沾沾自喜，彷彿在比較有歷史感的環境中長大會散發出某種道德優越性。東京就像許多戰後的亞洲城市一樣，主要拜南加州模式所賜，充斥著無所不在的廣告看板與購物大道。但東京的密度：人潮、噪音、視覺飽和，讓洛杉磯相形之下也顯得古板。

我一直記得一間獨特的咖啡店，那是我在一九七〇年代中期初次來到這個城市的典型東京印象。咖啡店名為「凡爾賽」，座落在東京巨大的新宿車站東面出口附近的地下室。要進到店中，你得先走下一排很陡的水泥階梯，旁邊相機名店的廣告歌聲迴盪耳邊，突然間你就進入十八世紀法國城堡的起居室中。豪華燭台吊燈、大理石牆、鍍金的路易十四風家具、巴洛克音樂，一應俱全。想當然耳，一切都是塑膠與膠合板的傑作。客人在虛華的富麗中待上好幾個小時、抽菸看漫畫，邊聽理查．克萊德門（Richard Clayderman）版本的莫札特小夜曲。凡爾賽跟當時多數的咖啡店一樣，在多年前就被拆除了。現在那邊可能會有間星巴克，或是供應融合北義與日本的無國界料理。

我當初在一九七五年所見到的景物，大多建於經濟急速成長的一九六〇年代，除了一些廟宇神社和少數逃過大火與轟炸的廿世紀初磚造建築之外，看不到什麼更早以前留下來的東西。東京雖從十九世紀末便跟隨西方的現代化腳步，卻有半數毀於一九二三年的大地震，然後在一九四五年因美軍轟炸而成為無垠的廢墟。六〇年代是廉價幻想建築的大好時光，在毀滅性戰爭結束，歷經多年撙節後，日本人渴望貨真價實的奢華，儘管「真實」仍多半出於想像。那個年代沒幾個日本人有能力出國，在國內假裝出國迅速成為風尚，以滿足大家的夢想，所以才有路易十四咖啡店、德國啤酒館，或知名的短租旅館伊莉沙白二世飯店：用水泥蓋成的遊輪，一併附上霧角的錄音播放。

日本在一九八三年興建了第一間美國境外的迪士尼樂園，離成田國際機場不遠。唐納・李奇曾說，日本根本不需要迪士尼樂園，因為早就已經有一間名為東京的樂園。這座城市的非住宅區的確有種主題樂園的蜉蝣時間感。仰慕李奇的英國小說家克里斯多福・伊舍伍戰前住過柏林，戰後則搬到洛杉磯安頓下來。他對第二故鄉洛城有如下評語：「這片海岸百年之前空無一物，而在所有這些拙劣建築當中，百年之後有哪些依然聳立？可能連一間都沒有。我喜歡這想法，實際地令人振奮。處在這樣的環境下，牢記並接受你也不會留下什麼的事實會比較容易些。」

靜靜接受轉瞬即逝的世界，這樣的情感很日本。我引用伊舍伍的話是為了紀念諾曼·米元，他在二〇一四年在洛杉磯過世。

我想伊舍伍應該也會喜歡一九七〇年代的東京，戰時陰鬱一掃而空，取而代之的是狂熱的享樂主義。但最重要的是，海市蜃樓感應該相當投其所好，他喜歡東方神祕主義那種萬事無常的想法。不過東京和洛城還是有重大差異：洛城沒有深遠的歷史；但東京，或應該沿用江戶這個舊稱，早在十二世紀就已經是個小型城下町。到了十八世紀，江戶是全球第二大城，僅在北京之後。因此我在一九七五年所見識的塑膠魔幻東京，把世界各地拼拼湊湊、充斥紛亂大雜匯建築的東京，儘管形貌大變，仍然構築在深厚的層層歷史上。

摩登東京是不斷刮除重寫的羊皮紙卷，偶爾還是會露出過去的痕跡，比如說在街道的布局上便可略見一二。但歷史往往化身為神話，存在於以流行文化表現的歷史記憶中。即使是沒那久遠的過去，在東京也會沉浸在傳說當中。進入七〇年代不過幾年，六〇年代的記憶就籠罩在一片青春反叛與實驗精神的懷舊迷霧中。老鳥會說：「你當時應該要在這裡的。」啊，一九六八年的學生示威、花園神社的地下劇場表演、「瘋癲族」嬉皮在新宿車站附近聚集滋事、大島渚的早期電影、橫尾忠則的海報、篠山紀信的攝影，還有土方巽所創立的舞踏。

等我到了日本，瘋癲族已經遠去。在新宿車站，比較可能會遇到身穿白色和服、裝著木肢的二戰最後倖存老兵，用手風琴演奏悲傷的戰時情歌，而非彈吉他的嬉皮。有些人會說，這場派對準時在一九七〇年三島由紀夫自殺那一刻結束，這位小說家精心籌劃自己暴烈的武士之死，在東京市谷駐屯地的政變失敗後，身著軍服、英俊年輕的盾會成員圍繞身旁見證他的切腹。事實上，文化不會就此結束，反而突圍而生。到了一九七五年，包括寺山修司在內的上一代叛逆者已經成為眾人景仰的人物，獲得各種獎項殊榮，並受邀至各大國際藝術節。

真正引起懷舊之情的，或許是東京毀滅與重建的速度，永遠有個「當年」會讓人非常想念。不久之前，整座城市都是由運河與木造房屋交織而成，而木屋不時會陷入稱為「江戶之花」的大火中。極少數的建築能永恆不朽，這裡可沒有雄偉的石造大教堂。紀念碑不是日本風格的一部分，東京的歷史僅於斷片中依稀可見：這邊有毀壞的貴族庭園，那邊有重建的神道教神社，或是三島由紀夫曾接受眾人崇拜、現已被遺忘的小酒吧。

唐納・李奇曾是軍方報紙《星條旗》（*Stars and Stripes*）的年輕記者，在一九四七年的淺草街上遊盪，當年距美軍將此處轟炸夷平也不過兩年。傍著隅田川的淺草在屬於庶民的東京台東區，過去百年來一直是最有活力的大眾娛樂首選之地，不管是電影院、滑稽劇場、咖啡廳與酒吧、妓院與舞廳，或市集與廟會，這裡應有盡有。川端康成最早期的作品中，便以淺草為背

景，描繪黑幫與舞女在狂飆二〇年代的故事，這是段許多人會感嘆的時期：情色、怪誕、荒謬（エロ、グロ、ナンセンス）。

李奇與身穿樸素冬季和服的川端康成一起爬上淺草舊地鐵大樓，兩人完全不會講對方的語言。他們只能看著破敗而拼湊的戰後初期東京地景，李奇會提及川端康成早期故事中的某個角色名，而川端康成則淡淡一笑，遙指一處，那是他想像中角色的居所。殘破的東京沒有讓川端康成懷憂喪志，一切都還留在他的想像之中。

在一九六〇年代，寺山修司最喜歡的實驗，便是在街頭表演他的劇場奇觀。《丟掉書本上街去》（『書を捨てよ町へ出よう』）是他著名劇作的名稱，他想要打破藝術表演與日常生活表演之間的藩籬。他的演員穿著不同時期的服裝與群眾廝混，有一九二〇年代的蕩婦、十九世紀的公子哥，和一九六〇年代的瘋癲族，他要將群眾嚇出常規之外。天井棧敷並不是當年唯一試圖融合幻想與現實的劇團，類似的實驗也發生在巴黎、紐約或阿姆斯特丹發生。唯一的不同是，在東京，現實與幻想間的隔閡可能沒那麼清楚。

我去主修電影的東京日本大學藝術部（簡稱日大）可沒什麼異國情調。校內建築可能是在一九五〇到一九六〇年代間興建的，沒有個性到我想不起它們確切的模樣。校園所在的練馬區，是有著一大片木造和灰泥屋的郊區，狹窄的購物街上插滿塑膠花，一路通往在西武池袋線上的車站。

事實上，我從未很認真在日大念電影，多數教授都是和善的好人，他們一輩子從未自己拍過電影，只是從學校畢業後留下來教書而已。系主任是吹毛求疵的官僚，言行舉止活像從一般銀行走出來的分行經理。他如果跟電影有任何關聯，也只能說非常稀薄。

但有位教授確實讓我留下深刻印象，他是牛元虛彥，一個露齒微笑的嬌小紳士，當時應該已經八十好幾了。他常常提起偶像卓別林，在一九二〇年代他曾在好萊塢擔任其助手，並尊稱他為「卓別林老師」。老先生解釋攝影角度時，不只一次踩著小碎步、旋轉假想的拐杖，在全班面前演出《流浪漢》（*Tramp*）。一九二七年牛元從好萊塢回到日本，他開始專拍催淚電影（日本人稱為「三條手帕電影」），片中沉浸在過往年代的懷舊中，生活過得傳統、簡樸而溫暖。《感激時代》是其中一部成功之作，讓他從此得到「感傷牛原」的暱稱。後來他開創了運動電影的類型片，描繪棒球英雄之類的故事。過去的日本電影類型比較類似咖啡店，分屬於爵士樂迷、古典樂迷或搖滾樂迷，仔細地按照品味分門別類。

我對於感傷牛原的了解大多來自唐納・李奇寫的書，因為牛原的電影很難找，不過我還是設法看了一部迷人的早期作品《路上的靈魂》（*Souls on the Road*, 1921），作品深受法國印象主義的影響，並非他所導演，但由他編劇。這部默片受到高爾基《底層》（*The Lower Depths*）的啟發，講述失敗提琴手的故事。值得一提的是，這是第一部使用女性演員的日本電影，在此之前都是歌舞伎風的男扮女裝。

可惜我沒能充分理解牛原的課，即使是他興高采烈、講了又講的卓別林軼事，對我來說似懂非懂。不只是因為他講話時口沫橫飛，也因為我的日文還沒有好到可以聽懂這位老先生的話。

我看學生影片也同樣鴨子聽雷，不過這多半是因為俚語的使用。校園中的一位學生明星，我已經忘了他的名字，但總是看他無精打采，身邊圍著一群小跟班。所有人都身穿黑色皮夾克，無論晝夜戴著墨鏡。他多數的短片主角都是無精打采的年輕人，身穿黑色皮夾克、戴著太陽眼鏡，最後在驚人的暴力場面中死去。學生影片中的女性在整部片中多半都會遭到各種凌虐，衣服則千篇一律地會被剝光。我疑惑地向同學詢問這些業餘女演員，他們對我保證日本女性隨時願意為我這麼做，因為她們在外國人（或日文的「外人」）手上就像一灘爛泥，任人擺布。這是當時日本相當普遍而根深蒂固的想法，可能可以追溯到美軍部隊占領日本的時期。

我得承認，身為外人的狀態確實有些好處。在練馬校區，英語書籍圖書館的限制開放是六〇年代騷亂的一個提醒，這間教育機構圖書館很怪異地不對學生開放。我聽說原因是學生在一九六八年或一九七〇年的大型示威抗議中，曾占領過這間圖書館。日本學生激烈反對越戰，以及日本政府在其中的共謀。此後，只有外國學生獲准進入書庫。就我所知，只有其他兩名外國學生在藝術部，因此圖書館幾乎總是空無一人。

一位高瘦又笨手笨腳的管理員為我開門，他才剛從美國度假回來，穿著全套西式行頭：靴子、花俏格子襯衫配銀鈕扣，還打了一條波羅領帶。圖書館裡有股霉味，實在應該讓空氣好好流通一下。還有另一個人在那邊，從書架上取下各式書籍。他顯然是另外兩名外國學生其中之一。我已經見過另一個美國學生李奇，他堅持要用日文與我交談，即使我已明確用英文回答也一樣，我在校園裡都儘量躲著他。在書庫中逡巡的這位穿著棉質的藍色和服夾克，我對他仍然陌生。他叫葛漢，是個英國人。葛漢研究的是能劇，不過那只是他沒有在原宿「表演」時的副業。他會和詩人白石嘉壽子穿著白色長袍，在大街上翩翩起舞。白石嘉壽子惡名昭彰（據說她曾與穆罕默德．阿里上過床），她同樣也是在一九六〇年代聲名鵲起。

我很快就發現圖書館英語書區裡幾乎每本書都同屬一人，在封頁上潦草地寫上他的名字：希索．帕索維（Cecil Postlethwaite，我不大確定拼法），名字旁還有時間與地點：「柏林，一九二九」、「柏林，一九三〇」，一直到「柏林，一九三六」，這時的事態可能連帕索維都有些吃不消。所以時間軸轉為「東京，一九三七」、「東京，一九三八」，依此類推。我不知道他在戰時下場如何，可能被視為敵方外國人關押，或他可能在珍珠港事變前就過世了。

帕索維的文學品味與牛原的催淚電影一樣特出，有好幾本稀有的王爾德初版劇本；與王爾德相識，但早已無人記得的社交名媛所寫的作者簽名版回憶錄；英國同性戀作家羅納德・菲爾班克（Ronald Firbank）全集、希臘雕像專書、一本在德勒斯登初版的輕薄小書，內容關於德國的天體主義者，裡面淨是健美年輕男子沐浴的照片。這批收藏是如何輾轉來到練馬的日大圖書館，至今仍是個謎。即使一般學生可以進來，我也無法想像有什麼人會借閱這些書籍。但略微陳腐的戰前孌童氣息遺留在這沉悶的東京郊區，著實吸引了我和葛漢的想像。我們後來相當後悔，轉往練馬車站對面的古典音樂咖啡廳「流浪者之歌」（Zigeunerweisen）之前，沒有摸走一些珍本書。

帕索維是那種喜歡在書緣空白處表達意見的讀者，除了贊同的驚嘆號、懷疑的問號，還有各種評論，像是「鬼扯！」或是「沒錯！」。我隨意拾起一本毛姆（Somerset Maugham）的短篇故事集，其中一個故事講的是馬來亞偏鄉英國莊園主的故事。故鄉的友人前來拜訪，他們在日落時分的陽台上啜飲琴通寧。朋友問他如何能忍受生活在這麼偏遠的地點，幾乎連一個白人同鄉都見不著，莊園主回答，這正是他選擇住在這裡的原因。書的主人在書中這句話底下用力劃線。

不難想像帕索維這樣的男子：一個英格蘭中產階級的逃兵，先是德國、後是日本的性流亡者。還有很多像他這樣的人，伊舍伍也因為類似的理由搬到柏林。尤其在帝國時期，從卡布里到錫蘭，這樣的私人桃花源在熱帶與亞熱帶地區四處可見，這些人拒絕住在清教徒的盎格魯薩克遜國家，他們的性傾向在那裡可能讓自己鋃鐺入獄。他們通常住在僻靜的迷人傳統屋舍，屋內擺滿上好的家具與藝術品，還有心甘情願的英俊男子在需要時投懷送抱。

約翰．羅德里克（John Roderick）便是如此。他是我同志舅舅的另一名友人，也是我最初在日本認識的頭幾個人。羅德里克是身經百戰的美國記者，二戰時有段時間跟著毛澤東的共產黨游擊隊躲在延安的山洞裡。戰後的中國不再歡迎西方記者，他轉往日本繼續報導工作。羅德里克貌不驚人，看起來像是退休的士官長，身材魁梧、下巴寬大、鬍鬚整齊，寬大紅潤臉龐上有一對水藍色的小眼睛親切凝視著你。他會的日文很粗淺，但一點都不害羞，身旁也總是有人陪伴。

羅德里克住在可以遠眺鎌倉的山丘上。鎌倉是中世紀日本的舊都，少數幾個逃過戰時轟炸的城鎮，隨處可見佛寺與神社。他在山丘之巔打造了自己的桃花源：一間漂亮的舊農舍，茅草屋頂、棕黑木地板、赭紅泥牆、米紙滑門、十八世紀的漆製屏風、鍍金的木雕佛像、珍貴的江戶時期茶碗，以及作工精細的骨董木箱。農舍是從日本中部的村莊拆下來，再由傳統日本木匠一片片蓋回去的。這整個浩大的工程是由一位非常俊美的年輕人所安排，羅德里克幾年前在一個公眾游泳池遇見了義弘，自此之後他們便開始同居。羅德里克親暱地叫他小義，在官方文件中，他是羅德里克的養子。

因為羅德里克的關係，我在抵達日本幾個月後認識了唐納・李奇。為了讓我們會面，他在另一名外派的中年英國作家旅人約翰・海拉克（John Haylock）*的東京公寓，特別安排大家一起共進晚餐。海拉克也是性難民，待過一個又一個愜意的熱帶家園，從曼谷、塞普勒斯、泰國到日本，他在此處的女子中學教授英國文學。海拉克在他的回憶錄《東方交換》（*Eastern Exchange*）中寫道：「我覺得住在寬容的土地上比較明智……自我流放總比哪一天去吃牢飯要好。」

約翰沒有很老，最多六十出頭。現在想來我當時有點白目，我問他打算在日本待多久。他的回答是：「我相信我會死在這裡，希望不用太久。」與約翰交談像是象徵性地與布倫斯伯理文團（Bloomsbury Group）在握手，他曾經和鄧肯・葛蘭特（Duncan Grant）過從甚密，並且認識維吉尼亞・吳爾芙（Virginia Woolf）在巴黎的愛人維奧拉・崔芙西斯（Violet Trefusis）。

---

* 編按：約翰・海拉克（John Haylock, 1918-2006）英國小說家，因同志身分而不見容於英國社會，長年漂泊異鄉。

他跟唐納多數的朋友一樣也認識三島由紀夫。能說出「我認識三島由紀夫」，是東京同志圈的文學愛好者所珍視的榮耀。

這就是阿姆斯特丹的男人警告過我所謂的「唐納．李奇那夥人」，我跟他們一拍即合，即使我很難自稱為性難民。我渴慕的對象是楚浮片中的京子，而非小義，儘管兩人的吸引力都非比尋常。就像許多年輕人一樣，我急著彌補青少年時失去的機會，貪求更多的經驗。我的做法是兩邊下注，因為我還有個避風港，一個可以將風險降到最低的家。

這個暫時的家在一棟搖搖欲墜的公寓裡，位於西武新宿鐵道上。女友壽美繪在我抵達前剛回到日本，我和她共用六個榻榻米大的和室，以及四片半榻榻米大的臥室。我很高興能離開與世隔絕的親戚豪宅，我在那邊度過初抵日本的前幾週。我們歷經了好幾輪的房仲才找到這間公寓，他們大多過度禮貌，無法直接拒絕外國人。但我們得體諒房東可能會擔心「外人」不知道如何正確使用日本浴室，或是嚇到鄰居，或是不付錢就潛逃。像前幾天就有個美國人如何如何……。

壽美繪也未必比較能融入日本。逃離鄉下小鎮的童年束縛以後，她一點也不急著回日本。就像許多追求獨立的年輕日本女人一樣，她們通常都不跟家裡拿錢，也比較喜歡住在國外。她當時決定要到小國家，所以或多或少胡亂在地圖上選了荷蘭，收拾起所有積蓄獨自旅行，先是坐船，然後沿著西伯利亞平原坐火車來到歐洲。她比我強悍的多，我們在萊頓的一間中國餐館認識，當時我們都是學生，她得半工半讀來付房租。

我和壽美繪在沼袋公寓住了一年半，難以捉摸的京子仍然活在我的想像中。我跟壽美繪在一起很快樂，但我還是感到少了些什麼。我還沒有準備好要定下來，但我同時也渴望安全感。換一種方式過危險生活比較容易，像是窺視寺山劇場中有鴉片味的妓院，或是與唐納·李奇那夥人交遊，他們有種我舅舅在倫敦社交圈的光環。比起灼熱的直接體驗，增廣見聞對我來說依舊比較容易，生活還是比較像一場表演。

或許是因為我童年身在一個文化交雜的家庭裡，又或者我的血液中流淌著什麼，我一向深受邊緣人的吸引。不過邊緣人也會組成自己人專屬的圈子，唐納·李奇的朋友們也不例外。我可以混進去，卻不會融入。在邊緣打轉是我覺得舒適的位置，不在裡面也不在外面，不是這樣也不是那樣。有點疏離，一個天生的旅伴，一個男性腐女，在一群有共鳴的陌生人中的觀察者。很刺激，卻也很安全的玩法。或許這也是我深受日本吸引的原因，因為她是一個外國人即使想要，也永遠無法融入的社會。

唐納穿得像傳統的中產階級美國人：淺藍西裝外套、灰色襯衫、栗色針織領帶、很大雙的富樂紳黑皮鞋。當時他年約五十三歲，看起來比實際年齡年輕，臉色紅潤、棕髮、寬大潔白的

唐納·李奇

手，一張孩子氣的中西部臉孔，有點像著名的性學家阿爾雷德．金賽（Alfred Kinsey）。他的談話內容之廣令人咋舌：日本電影世界八卦、阿諾．荀白克（Arnold Schoenberg）的表現主義歌曲、小津安二郎與黑澤明的電影比較、珍．奧絲汀的晚期小說。但他的主要話題，特別是跟我這個新來的菜鳥講話時，是「外人」住在日本的生存之道。

他指出許多外國人會陷入的困境，那就是痴迷轉為幻滅、甚至憎怒的速度之快，彷彿日本要為自己的幻滅負責一樣，他稱之為「賽登斯蒂卡症候群」，以其朋友學者愛德華．賽登斯蒂卡命名。愛德華每年有一半時間會待在日本，當他抵達東京時，他幾乎準備要跪吻土地，萬事美好。不久，一旦他差不多安頓了下來，他開始對「這些人」感到越來越不耐煩，六個月之後他已經迫不急待地想要回家。

唐納告訴我，最大的誤解是以為你有一天可以受到跟日本人一樣的對待。日本人很有禮貌，甚至很溫暖，與日本人建立深厚的友誼沒什麼問題，但你絕對不可能成為他們的一分子。你永遠會是個「外人」，就像日文說的那樣。那些愚蠢到會憎惡這點的外國人，很容易就會罹患全面性的「外人病」。此時各種特殊待遇，無論恭敬還是輕蔑，都是對他們自尊心的嚴重打擊。

唐納本人覺得當個外人非常舒坦自在，他說在日本最棒的事就是沒人管你。在日本當日本人的命運，就是困在規則與義務這張幾乎難以忍受的天羅地網中，但外人完全豁免於此。他可以寧靜而疏離地觀察生活，不受到任何人事物所囿。唐納在日本感到徹底而根本的自由。

對唐納這種性傾向的人而言，俄亥俄州的利馬鎮（Lima）顯然不可能過這種生活，那是他童年時亟欲逃離之處。但即使他一九六〇年代來到紐約，在現代藝術博物館（Museum of Modern Art）擔任影片策展人，他仍然覺得深受限制。所以在我們見面的幾年前，他回到日本，不完全是性難民的流亡，而是深信自己在一九四〇年代末期，初抵日本時瞥見了桃花源，這是一個他不會因為本身慾望而受到評斷的國家。

我們在本鄉車站道別時，他說：「你知道嗎？要住在日本你得是個浪漫派，如果覺得自己很完整，不質疑自己是誰，或在世界上的地位，你會很討厭這裡。不斷暴露在這樣一個完全不同的文化中，會令人難以忍受。但浪漫派對不同的生存方式敞開心胸，日本對他們來說充滿驚奇。你當然永遠不屬於這裡，但這反倒會讓你自由。自由比歸屬感更棒，因為在這裡你可以變成任何自己想要的模樣。」

我不確定自己有沒有完全聽懂他在講什麼。很久以後，他會服膺沙特的存在主義觀點，以此解釋創造自己生命的需求，作為追求真我的自由意志行動。但那晚唐納站在對向月台，紅潤的臉龐與大大的黑皮鞋，在一群日本人中鶴立雞群，這個身影令我難以忘懷。或許我也被解放了，但真正的問題是我還不知道自己要成為什麼。

3

我從來不覺得自己能當日本人，我也壓根不想當日本人。但我猜自己是李奇口中所謂的「浪漫派」。我很能接受改變，這代表我在日本生活的初期幾乎是全心沉浸其中。當然，我和一位日本女子住在西武新宿鐵道上的中產郊區，附近有麵店、神社、公共澡堂，以及種有盆栽花園的老木屋，這些都頗有助益。

你仍可以聽到一些日本都會生活的傳統音聲，如蕃薯小販的叫賣，有點像穆斯林宣禮員在召喚禱告；夜間鄰里消防員的木屐乾響；賣豆腐的霧角聲；當地廟宇銅鐘低迴不已的嗡嗡聲。比較沒那麼傳統的則是政治候選人的廣告歌曲與預錄訊息，即使街上空空蕩蕩，也沒有人回禮，他們仍戴著白手套和路過的車輛揮手；然後是「家庭健康」商人在門口裝滿一籃保險套後，匆忙離開的腳步聲，如果不需要的話則得退回。

壽美繪的家鄉岐阜是東京以西一百六十哩外的小鎮，前去拜訪意味更深入沉浸在傳統日本生活中。她的父親谷先生戰時為皇軍部隊在中國作戰，本業是位招牌繪師。身為匠人，他對其獨立與手藝感到自豪，他的生活方式比大多數所謂的上班族都來得老派而放鬆。上班族是一群身著灰西裝的白領大軍，每天拉著電車吊環從偏遠郊區的迷你公寓通勤到辦公室。一九七〇年代的上班族往往離開了延伸家庭的共同生活與傳統義務，摩登核心家庭可說是一種解放，即使導致了種種孤獨與隔離，尤其是對上班族的妻子而言，低階辦公職員不得不去的社交應酬，讓她們每天夜裡苦等丈夫蹣跚回家。

獨立的工匠就不同了，谷先生三代住在小鎮舊街區的舒適兩層樓木屋裡，聞起來有新鮮的榻榻米味、當地廟宇的香火以及難聞的下水道味。今天的日本以豪華馬桶聞名於世，有電熱座椅、自動沖水、各種噴嘴與音姬。在描繪精準的文章《陰翳禮讚》中，小說家谷崎潤一郎對陰暗的日本傳統木廁所讚譽有加，如廁者可以蹲在地板的坑上沉思自然之美，洞裡還放著雪松木枝讓味道比較好聞，這樣的廁所幾乎已經不復存在了。谷家還有一間，不過看不到什麼自然之美。「夜香」收集者不時會前來將水肥運走，為鎮外的田地施肥。

全家也共用一個散發檜木香的公用澡盆，以年紀決定沐浴順序。由於肥皂只在澡盆外使用，即使對最後一位入浴的人而言，洗澡水相對來說還算乾淨。如果撞見有人從浴室一絲不掛地出現，比方說祖母，那麼要假裝沒看見她。有時純粹為了享受，我們會去當地的公共澡堂「錢湯」，磁磚牆上畫的是富士山的輪廓。我們在那裡和鄰居交換八卦，並禮貌地用小竹筒裝水潑對方的背。

我不想將谷家的生活理想化，他們的家族跟別的家族一樣激烈爭吵，嫌隙難解。先前擔任鐵道官員的威權祖父，在我到日本之後沒多久過世，此前對整個家族頤指氣使。團地妻*會寧願選擇將自己孤單隔絕在公寓大樓中，似乎就更可以理解了。但谷家有種慷慨的精神，這種開闊的心胸在更興旺的家族反而少見，可能是因為興旺家族在社會上的顏面需要精心維護。

一次世代衝突隨後引爆了父親與長子間永久的隔閡，事情起因於父子對於廣告業務的不同態度。長男一雄認為，父親仔細根據劇照手繪電影看板，並引以為豪的匠人驕傲，完全是在浪費時間。他偏好用塑膠模型或別的科技捷徑，這並非毫無道理。在他看來，這麼做既便宜也與時俱進。他並不認為自己是工匠，而是個現代生意人。

但這場嫌隙在我第一次借住谷家時尚未爆發，工坊是主家屋的延伸，屋內的電視永遠是開著的，我們在那邊吃飯。在榻榻米上鋪好寢具，父母親與祖母晚上也睡在那裡，我們其他人則睡在靠近神桌的二樓，祖母每天早上會在這對著已故丈夫的黑白相片捻香，並供奉水果和米餅。工坊中滿是顏料罐、厚紙板和電影海報。一九七〇年代中期主要商業電影的面貌，充

* 編按：「團地」為戰後日本為因應人口增長與家庭型態改變，所大量建設的新型西式住房，其規模格局為針對小家庭需求。「團地妻」則通指丈夫為上班族之家庭主婦。

斥著日活株式會社出品的軟調色情片，當全家晚餐簡樸吃著魚、飯和味噌湯，一旁則圍繞著俗豔的畫面，無助的年輕主婦被頭戴太陽眼鏡、身穿皮夾克的黑道五花大綁。

晚餐後，在我洗澡前，一雄常會帶我到在當地他可以免費入場的日活電影院，去看由他們家手繪海報的電影。我以前看過的學生製作都在跟這些電影致敬，然而這些原創顯然要有趣得多。另外，這些片子也比我在西方看過的任何色情片來得更有意思，西方色情片往往粗糙、淫穢、毫無想像力。

討論七〇年代的日本文化，若沒有提到「羅曼情慾電影」（*roman porno*）都是失格的，這是一種獨特電影類型的正式名稱，吸引不少才華洋溢的年輕導演拍攝。日大的同學常跟我說，忘掉小津安二郎與黑澤明，去看神代辰巳的電影，由當時最紅的羅曼情慾影星一條小百合主演。一條小百合原本是大阪著名的脫衣舞孃，她主演的許多電影劇情獨樹一格、技術成熟，甚至非常創新。這不只是因為年輕新秀越來越難打入快速崩壞的傳統片場系統，情色片更已成為左派分子的偏好類型。他們對六〇年代的政治運動感到幻滅，事實上日本數十年來都是一黨專政的國家，由保守的自民黨所統治，有著根深蒂固的官僚系統，並受到工業財閥、農業遊說團體，以及美國戰略利益的操弄。在超過十年的學生抗爭後，鷹派左翼崩解為極度暴力的「日本赤軍」，從事各種駭人的自殺式恐怖攻擊。赤軍戰士不是戰死，就是前往平壤或貝魯特，而他們以前看電影的同夥，則遁入情色片的世界。受挫的政治顛覆轉化成情色的反抗，這至少造就了一部真正的傑作。

大島渚在一九七六年發行硬蕊情色片《感官世界》，他早期的電影高度政治化，主題包括歧視韓國人、學生運動、犯罪作為一種社會抗議形式，或是大阪貧民窟的壓迫。現在他要用情色藝術電影來測試言論自由的底限。《感官世界》惡名遠播，它改編自真實故事，背景設在一九二〇年代，描述妓女阿部定與餐廳老闆吉藏熱烈愛戀，最後在一場激烈性愛中狂暴地結束吉藏的生命。激烈性愛包括了阿部定為了刺激愛人高漲的情慾，用和服的帶子幾乎要把他勒斃，但這場遊戲隨著時間過去，越來越認真，至死方休。在一陣瘋狂之間，阿部定割下吉藏的生殖器與睪丸，並塞進皮包裡面。

先前完全沒有導演做過類似的事，電影既偏激又溫柔，是對於性自主（尤其是女性）的影像衝擊。松田英子飾演妓女阿部定，她曾是寺山修司的天井座敷裡的女演員。阿部定並非男性慾望下的無助客體，反而是情慾執念中的同夥。*（但這點並沒有讓松田英子的演藝生涯

* 真正的阿部定最後在東京被捕，在獄中關了幾年後，她在淺草開了一間酒吧。根據常客唐納・李奇的說法，她每天晚上都會盛大入場，讓男酒客期待不已，他們會一起把自己的生殖器圈住。她晚年則在尼姑庵度過餘生。

扶搖直上，甚至還飽受抨擊。反觀男主角藤龍也則成為當紅男星。）

影片首度在坎城影展播放後，我前往天井座敷在涉谷的總部拜訪寺山修司。涉谷是東京西邊充滿活力的區域，他住在一間小公寓中，據說還與他的母親同住。這位戲劇魔法師本身性向啟人疑竇，他曾因偷窺鄰居臥室而被警方斥責。寺山修司在坎城看了大島渚的電影，我問及此事時他相當不以為然，他說：「一點意思也沒有，多數羅曼情慾的電影都比它好看。」他眼光向來精準，我懷疑是羨慕之情影響了他的判斷力。

大島渚的電影在日本引發了惡名昭彰的猥褻案審判，不是針對電影本身，因為電影根本無法公開發行，而是搭配劇照的劇本出版品。大島絕妙的辯護是：「猥褻有什麼不對？」他獲得無罪開釋。

可惜多數日本人都沒有機會自行判斷，電影來到東京時，整部片已經被審查員剪得支離破碎，他們奉命消滅所有生殖器和刀片與凡士林在一起的畫面，讓大島的傑作不忍卒睹。而為什麼不准大家在螢幕上看到生殖器，但同時錢湯混浴在鄉下地方卻仍相當普遍，也是費人猜疑。這可能是幾世紀以來，政府當局與叛逆藝術家的拉鋸戰。前者堅持維持公序良俗，後者堅持顛覆規則。

可以確定的是，基督教式的清教徒精神並非日本傳統的一部分。一雄毫不遲疑地在晚餐後把我帶到色情電影院，認為這是適當的休閒娛樂，不帶絲毫羞恥感，就像沒有人對全家共用浴池而感到困窘一樣。然而，壽美繪是老派的家族，或許這種審查的態度在上流且西化的階級比較盛行。

唐納．李奇強調日本人的「純真」，我相信這是他所想要表達的意思。「日本人」這個集合名詞仍是李奇那個世代全然接受的詞彙，在約翰．羅德里克的飯局中與他會面不久後，唐納成為我在理解「日本人」方面的導師，他是日語裡的「先生」，我則是學生或「弟子」。我們定期在六本木的出版商辦公室附近共進午餐，他下午在那邊做編輯工作，並講述日本人的故事。

我認為唐納口中的純真，意味著缺乏基督教義中的原罪意識，規範性行為的是禮節，而非宗教訓誡或形而上的危機感。正因為禮節是社會秩序的守護者，對大島的電影才會有那麼激烈的反應。羅曼情慾電影的聰明導演們，找出各種巧門閃躲審查員的大刀，遠遠不及大島電影的激進，卻同樣引進了自由奔放的想像精神。

由於備受禮遇的外人豁免於許多日本禮節，一九四〇年代的日本對於在俄亥俄小鎮長大的年輕美國人而言，想必是個天堂。唐納從未像約翰．羅德里克這些人一樣打造私人桃花源，他沒有擺滿骨董屏風的美麗老屋。不過他有一陣子的確住在這種房子裡，屋主是另一位性難

藤龍也在大島渚《愛的亡靈》一九七八年片場

民，一位名叫梅瑞迪斯・韋瑟比，綽號德州佬（Meredith "Tex" Weatherby）*的美國藝術書籍出版商，他已故男友拍過的一張著名照片，是三島僅著纏腰布，站在霜雪覆蓋的庭院中揮舞武士刀的畫面。在這些過往時光裡有很多狂野的故事，我只記得德州佬晚年的樣貌，他是一個高大蹣跚、做針線活時戴著老花眼鏡的男人。

儘管住在韋瑟比那裡一段時間，唐納不是很喜歡男同志的陪伴。約翰・羅德里克的習慣令他煩躁，約翰喜歡用「她」來稱呼男人，並且假想從喬治・華盛頓到約翰・韋恩的每個人都是變裝皇后。

唐納的桃花源是對於純真的理想。他所珍視的收藏之一是數本整齊排在書架上的相簿，無論住在哪裡都會帶著，也樂於向朋友展示。相簿裡像是釘好的蝴蝶標本，盡是他性追求的戰利品照片，一路回溯到一九四〇年代晚期。他們都是同一種型的男人：未經世事的英俊鄉村男孩——在霧氣繚繞的溫泉中露齒而笑；在鄉村旅舍的榻榻米上放鬆休息；穿著白T恤嬉鬧地展現肌肉；或斜倚在貨車上。信雄是個巴士司機；新一是建築工人；康夫是個棒球教練，

* 編按：梅瑞迪斯・韋瑟比（Meredith Weatherby, 1915-1997）是美國出版人，創立韋瑟喜出版社（Weatherhill Publications）。他長年旅居日本，以翻譯三島由紀夫的文學作品聞名。他的伴侶是攝影師矢頭保（1928-1973）。

諸如此類。他們都是異性戀，至少唐納這麼相信。

・・・

我自己的日本經驗並不包括追尋純真，我不在俄亥俄州長大，也沒有被原罪所束縛，唐納的豔遇給我一種替代性的愉悅。而我自己則是登門拜訪劇場與電影界的大師，他們的大門往往輕易為我敞開。知名導演會前來和我喝咖啡，即使我錯誤百出的日文可能讓他們很難理解。直到現在，一想到和鈴木忠志會面的場景仍令我尷尬不已。鈴木忠志貴為日本現代劇場界的大老，卻耐心地聽我絮叨當年我在阿姆斯特丹密克里劇院，觀賞他的早稻田小劇場表演的往事，也傾聽我關於歌舞伎對當代戲劇影響的幼稚問題。這位能劇演員之子鈴木是位知識分子，他回答得很快，我也聽不大懂他在說什麼。

能夠將這些大師臨時約出來會面是一種外人的特權，東京當時對日本現代戲劇或電影感興趣的西方人實在少之又少，因此物以稀為貴，像我這種人挑起了他們的好奇心，否則根本不可能把時間挪出來。唐納・李奇是這個領域的先鋒，他自己也確實在六〇年代的東京文化中位居要角，製作了好幾部實驗電影，由偉大的武滿徹配樂。坦白說在這領域，大概也只有他一個人。

多年後，約莫是一九八〇年代，我在東京觀賞唐納．李奇的短片放映，活動是為了他的美國詩人朋友詹姆斯．梅洛（James Merrill）募款而辦。坐我隔壁的是愛德華．賽登斯蒂卡，穿西裝打領帶的他看來很專業。他帶了一位從美國來的家族友人，這位端莊的年輕女性，穿著米色兩件式羊毛衣。其中一部短片叫做《男孩與貓》（*Boy with Cat*）。一個年輕英俊的日本男孩穿著白色牛仔褲，身後是傳統和室的多變陰影，背景傳來夏日的蟬鳴聲，一個孩子在練習貝多芬的《月光》奏鳴曲。男孩正在翻閱一組（異性戀的）色情圖片，他將手伸進牛仔褲內開始自慰。一隻黑貓跳到他的大腿上，音樂戛然而止，也暗示影片的結束。燈光亮起時，放映室中一陣沉默。賽登斯蒂卡教授緩緩轉向右邊的年輕女士，慢條斯理地說：「那隻貓真好看。」

《男孩與貓》當然不是什麼經典，卻是一次高尚的實驗，一位浪漫外國人發現天堂一隅的作品。唐納絲毫沒有大島的政治激進主義，他本人太過疏離。他也沒有特別仰慕大島的電影，我猜他大概會覺得說教意味濃厚。唐納更喜歡小津安二郎的電影，其中沉靜而人性的宿命論是大島世代所反抗的一切。然而，從某種深層的角度來看，李奇與大島站在同一陣線。

我並未製作任何一部屬於自己的作品，我仍處於解讀所見所聞的階段，我花上大把時間查字典，試圖了解寺山修司的散文內容，並想像我的臆測不知怎麼地更增添了讀物的神祕性。

他最有名的散文鼓勵年輕人離開家鄉、搬到城裡，然後自由愛戀。但寺山修司本人的狂野生活絕大部分都存在於想像當中，我也一樣。

劇場表演特別難以理解。某個夏夜我去看了唐十郎的狀況劇場，就在上野一處大池塘邊架起赤紅色帳棚演出，水面布滿了粉紅色的蓮花。唐十郎的劇團是六〇年代的另一個傳奇，如同前現代日本的巡迴演員，唐十郎和他的演員在全日本各處架起帳棚，地點包括神社、鐵軌中間、廢棄的公園、露天遊樂場，還有河岸。他的戲劇是日本與西方素材的超現實拼貼，有時感傷，但總是喧鬧並充滿狂野的幽默，用吵鬧、誇張、風格化的方式演出，一部分和歌舞伎的風俗起源有關，一部分則來自口喜劇演員急智草根的風格。他們跟寺山的演出一樣極盡能事地怪誕，但更鄉土，肢體運用也更多。演員會突然從水缸或帳棚後的池塘渾身濕透地冒出來，主要明星華麗出場，擠在草蓆上的觀眾瘋狂歡呼。

我在一九七五年悶溼的夜裡所看的戲碼是《風之又三郎》，改編自日本精靈故事，講的是一個風之精靈不知從何處出現，變成東北鄉下小村莊學校裡的學生。唐十郎加入希臘奧菲斯神話的變形要素：一名母親在地獄找尋失蹤已久的兒子。也夾雜各種滑稽的致敬，包括歌曲、流行電影、漫畫人物、電視廣告、政治醜聞，甚至還有法國存在主義的隻言片語，在純粹的笑鬧場景中交替進行。

我幾乎一句話都聽不懂，但效果近似於我在阿姆斯特丹密克里劇院的體驗：我被傳送到一個奇異的新世界，既不安又撩人。然而紅帳棚帳幕在結束時打開的那一刻，月光照在蓮花池上，映現難以解釋的光彩，此時的特異感也不亞於戲劇本身。我在日本第一年感受到的神祕狀態，解讀字句、密碼與招牌，在我漫遊現代東京迷宮時的一知半解，那種奇特的感覺與唐十郎的戲劇精神特別親近，因為他迷路的角色也試著融入一個超現實的世界。

我在本書一開始宣稱自己對於異國情調不感興趣，這是真的，至少禪定或比較精緻的藝術形式都不吸引我。但我對於日本文化中稀奇古怪的那一面則深感著迷。我持續沉浸在情色、怪誕、荒謬之中，即使三者的具體形象現在多半已經隱藏在日本現代性的圓滑表面下。

帶我認識日本文化謎團的主要嚮導，除了唐納「先生」外，還有一位中輟生津田。津田個子小，留著披頭四髮型，他優異的智性既成就了他，也摧毀了他。他有無盡的好奇心，永遠準備接納有趣的理論，是個很醒腦的朋友。但從傳統的角度看，他會被歸類為失敗者，他覺得大學教育是在浪費時間，找一份得體的工作簡直是踐踏他的尊嚴。家中的資助讓他剛好可以生活，津田是個漫遊者、半調子、夢想家，最重要的是，他很愛講話。他什麼都能聊：大島渚的電影、傳統日本建築、尼采、十九世紀的浪漫文學，或是日本美學的耽美。他對我來說的另一個好處是他一句英文都不會說。

我們是在排隊買鈴木忠志劇場的戲票時認識的，那齣戲將希臘戲劇結合十九世紀中歌舞伎劇作家鶴屋南北的台詞。津田和我一拍即合，因為很快地我們就發現儘管方式不同，但我們都是外人。他從圈內把自己變成外人，我則是從外面想要往裡看。其實我們都是窺探者，在屬於庶民的城東探險，在新宿便宜的咖啡廳與酒吧廝混，與他在東京大學的好友見面，不過他們並未輟學，還找到好工作，津田對他們感到既驕傲又鄙視——可能只有那須除外，津田全心全意地仰慕他。那須獲得法律學位後，在日活電影公司以拍攝羅曼情慾電影成功展開職涯。

雖然我買了學生製作的標準配備：八釐米攝影機，但是我在日大期間從未完成一部學生電影。我都利用絕佳的暗房設備專注於攝影上，這是最適合窺探者在邊緣跳舞的藝術。日本，特別是當時的日本，是攝影師的夢想之地。其他地方的攝影還沒進入藝術主流之前，攝影師在日本就已經是家喻戶曉的人物，他們在各大藝廊的展覽總會吸引大批熱衷者蜂擁而來。我想解讀的日本文本當中也包括了由大型新聞媒體出版，厚重耀眼、極端嚴肅的攝影雜誌。幾十年後即將聞名全球的森山大道，在新宿的狹窄空間中講授晚間課程，有時我會去上課，淺嘗輒止，在邊緣徘徊。篠山紀信的拍攝對象包括刺青黑道、時尚模特兒，以及一位快速崛起的歌舞伎新星玉三郎，他擅長扮演女性角色。東松照明則用粗礫般的黑白照片記錄美軍基地小鎮的骯髒後街。

然後還有荒木經惟，一九七〇年代到處都看得到他的身影：他流連在新宿的狹仄酒吧中，或最下流的小酒館，不停傻笑、喋喋不休，拍下所有東京夜生活中吸引他淫穢幻想的那一面：小酒館女侍裸身跨坐在身著西裝喝醉酒的主顧身上；一絲不掛的女孩吃著香蕉，或往笑開懷顧客握著的塑膠雨傘上撒尿；女人被繩縛或在現場性交秀中交媾。

狂野的七〇年代有時被稱為昭和元祿，元祿語出十七世紀末享樂主義濃厚的時期，昭和則是天皇裕仁的年號，橫跨大半個廿世紀。荒木臉上戴著小圓框眼鏡、留髒老頭的鬍子，還有那雙窺探者的小眼睛，成為昭和元祿的經典圖像之一。他是當代「情色、怪誕、荒謬」的土魯斯—羅特列克。

攝影師在做和前現代日本的木版畫藝術家相同的事，他們都記錄了時尚、劇場、性與都會生活的流動世界。「俗氣」（泥臭い），意思是俗氣粗俗，或「底層懷舊」（*nostalgie de la boue*），是六〇延續到七〇年代的其中一個文化面向。低俗、淫穢、敗德、血腥、腐臭，一股腦滲入藝術現場，不只是攝影而已，劇場、電影、文學、漫畫，甚至平面藝術都深受影響。我認為這是對於菁英美學的反動。在日本所謂菁英，從十九世紀以來，不是守舊的傳統主義者，就是過分講究的日本版歐洲高雅文化人。

德州佬韋瑟比的愛人矢頭保出過一本攝影集，專拍喧鬧神道祭中的狂熱年輕男子。三島在攝影集引言中寫道，十九世紀末以來，日本對自身的流行文化感到羞恥，擔心西方人對其中的質樸無華感到驚駭。他說：「日本試圖徹底否定過去，若千方百計要抹殺的傳統很頑強，至少要藏到西方人的眼光之外。日本人就像是準備宴客的家庭主婦，焦慮地把日常用品全部塞進櫃子裡，把平常穿的舒適衣服擺在一邊，用無懈可擊的理想化生活，以及一塵不染的環境，希望能讓賓客留下深刻印象。」*

完全反其道而行的趨勢從六〇年代持續到七〇年代。儘管戰時與戰後初期的世代有許多日本人對西方人有很深的矛盾感，他們並非要根除西方的影響，這根本難以達成，甚至絕頂荒謬。但寺山、唐十郎、大島、荒木、三島等藝術家，他們想要將日本文化上厚厚的優雅外皮整片剝掉，而這層外皮來自於近百年來焦慮的西化。

比起日本對西方的態度，我自己的底層懷舊和備受呵護的背景比較有關係。我沉浸在日本文化的原因有一部分也是為了要逃離中產階級的優雅，即使這種逃離膚淺、若即若離，而且充滿偷窺慾。我用森山大道的風格拍攝新宿後街，森山的靈感則多來自美國人威廉·克萊

* *Naked Festival: A Photo-Essay*, Tokyo: Weatherhill, 1968.

因（William Klein）。下町是隅田川兩側的低窪地，相對於西邊比較有錢的丘陵高地而言顯得放蕩不羈，我也會漫步其中。

這是我喜歡的東京，我可以邊走邊拍，起點是南千住站，這裡的鐵軌下有個被遺忘的小墓園，是江戶時期的處決刑場；經過貧民窟山谷區，勞力仲介每天早上在此挑揀遊民從事廉價建築工程；再到曾是優雅紅燈區的吉原，聚集高級妓院與茶室，現在則是掛滿霓虹招牌，汙穢按摩間的大雜院；最後抵達供奉慈悲女神觀音的淺草寺。

我遊蕩時的文學嚮導是我心儀日本作家永井荷風，他在一九五九年過世。他書寫東京，行文哀輓，現時的粗俗令他作嘔。荷風是他慣用的別名，他只能在回顧中寫愛，頌揚已經消失的事物。十九世紀末到廿世紀初的明治時期，這個城市迅速西化，直到遭一九二三年的地震摧毀後才深深打動他；在災難後崛起的摩登東京嘈雜花俏，一直要到一九四五年B－29轟炸機夷平後，他才滿懷喜悅地深深動容。荷風是憂傷於不遠過往的考古學家，矗立在戰後粗魯現代化的街區，一九三〇年代妓院貼滿磁磚的一面牆，就足以讓他眼眶含淚。

在南千住有間破敗的老劇場，外面俗豔的手繪海報上是揮刀的武士和圓臉的藝妓。這間劇場聞起來有炸花枝與臭汗味，卻是碩果僅存某個巡迴劇團的基地。他們克難地演出著名歌舞伎劇目，如戀愛自殺或高貴的不法之徒。在中場休息時，演員快速換上明亮的夏威夷衫，

南千住劇場的演員

用不太可靠的麥克風演唱流行歌曲，其他人則彈著調音失敗的電吉他。所有的女性角色都遵照傳統由男子飾演，其中一位鼻子很塌的年輕演員其貌不揚，但換上女妝後，即使在這種可怕的環境中，卻妖嬌美艷。二十年後的他聞名全國，以「下町玉三郎」的名號出現在電視上。

我在南千住劇場消磨了許多時光，拍攝演員與觀眾，後者的平均年齡至少超過五十歲，裡面有當地的屠夫與矮胖的妻子、一兩個小混混、屋頂工人、建築工、餃子師傅。天知道他們對一個外國年輕人在他們的地盤拍照作何感想，但他們總是以一種有禮而覺得好玩的方式表示歡迎。

有個週末，我跟著演員前去鄉下巡迴，隨行的還有我在日大圖書館認識的朋友葛漢。我們住在一間骯髒的溫泉會館「青心」，老人會聚在那裡喝酒，並觀賞下町玉三郎與他夥伴的演出。我們坐在長木桌邊，桌上擺滿飯糰、花枝乾、漬菜與味噌湯。穿著青心提供的夏季薄浴衣，觀賞十九世紀著名劫匪犯下毛骨悚然的謀殺，緊接著一幕老套武士劇的愛情戲。在此同時，我則躡手躡腳，自以為模仿荒木的方式拍照，但壓軸好戲還沒上場。

來到了在大型公共澡堂泡湯的時刻，男男女女脫下浴衣，並示意我跟葛漢一起進來。鋪磁磚的澡堂聞起來有種蛋臭掉的琉璜味，牆上的富士山因為滾燙熱水的蒸汽若隱若現。略事沖洗過後，葛漢與我紅通通地滑進浴池中，所有人都在看我們。正當我以為自己已經沉浸在

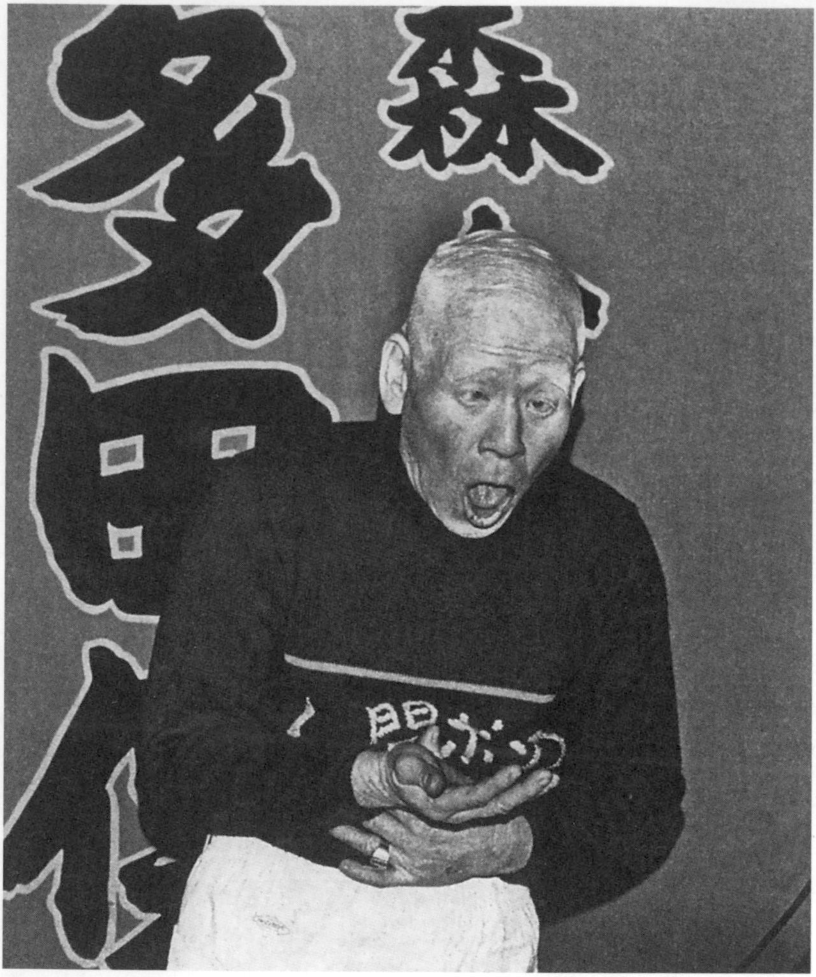

人體泵浦

最深的日本中，突然間爆出一陣訕笑，周遭鄉下人臉上的皺紋笑得更深了。浴池中最老的女士尖聲喊著：「看他們的老二！看看這些老外的老二！」一位看起來至少有八十歲的肥壯女人也叫道：「老爹，這可比你的大根！」好幾個乾癟的老人難為情地微笑。第三位女士驚嘆：「外人真白！像豆腐一樣！」彷彿她此生從來沒看過這麼噁心的東西。

青心的郊遊不久後，我遇到另一組社會階層更低的表演者。津田和我在寒冷的十一月夜裡出門，參加酉市（酉の市）祭典，又稱為雞神之日，是在寺院佛閣附近所舉行的十二天豐收祭典，人們祈求開運招福、生意興隆，購買用米與花裝飾的竹耙形吉祥物熊手，吃一種據說可以促進生育力的特別蕃薯。「人體泵浦」（人間ポンプ）就在這裡搭起有著綠棕相間條紋的嘉年華帳棚，主打獵奇表演，諸如脖子可以一路長到帳棚頂端的「蛇女」、把活雞頭一口咬下的女孩以及毛茸茸的狼人。

嘉年華帳棚位於祭祀稻荷神的花園神社前，也是唐十郎劇團經常駐紮紅帳棚之處。稻荷是雌雄莫辨的狐狸神，保佑商業繁盛與俗世成就。人們伸長脖子，爭相觀看尖聲喊叫的年輕女子把雞脖子放在齒間，發亮的臉上有一抹血和羽毛，隨著火炬若隱若現；蛇女的脖子伸長時伴隨詭異陰森的哨音；狼人對著群眾嚎叫，群眾假裝害怕地退後。

但壓軸還是劇團頭子人體泵浦本人，他是年約四十的白化症男子，「人體泵浦」幾個字

咬下雞脖子的女孩

用片假名寫在他的深色毛衣上。首先他會吞下好幾顆閃亮的黑白鈕扣，要求觀眾大喊「白色」或「黑色」，此時人體泵浦會眨眨他蒼白的小眼睛，吐出觀眾要求顏色的鈕扣。但他的絕技是吐金魚，他會吞下活的橘色金魚，再吞一隻黃色金魚，然後用力搖頭數次，活像我在西日本河邊看到正在吃魚的鸕鶿，讓金魚順利滑下食道。群眾鼓譟：「橘的！」緩慢而全神貫注地，橘色的金魚會從他嘴裡噴出。

這些或許只是雕蟲小技。從後台看，伸長脖子的戲法再明顯不過。我注意到女孩的下半身是用竹子與紙模型製成，但我還是不知道人體泵浦究竟怎麼應要求吐出不同顏色的物體。嘉年華秀令我深深著迷的是那種生猛原始的魅力，我覺得這才是返樸歸真的表演形式。我意識到這完全就是布爾喬亞式的浪漫主義作祟，屬於我的底層懷舊。這不過是怪奇世界巡禮，窺探者的禁忌一瞥，但我就是無法自拔。所以我跟隨人體泵浦和他的家人巡迴（蛇女是他的太太，雞女是他們的養女，我猜狼人是小舅子），在後台照相，為自己對地下劇場的記錄沾沾自喜。這是絕對的「他者」，毫無疑問跟唐納．李奇夢想的「純真」一樣虛幻，只是當時我還沒有意識到這一點。他們離開東京前往鄉下其他神社巡迴之前，人體泵浦給了我一張名片，他說：「有空來拜訪我們。」地址是離谷家所在岐阜縣不遠的小鎮。

很可惜，在一九七六年夏天，我所看到最出色的表演沒有留下照片紀錄。演出地點不在東京，因為相較於其他城市，東京對於娛樂審核有更嚴格的法規。或許這是因為一九六四年東京奧運以後，跟三島口中一本正經的家庭主婦一樣，要看起來值得別人尊敬的緣故。「豪華東寺」位於京都，就在京都火車站後面，靠近專屬「部落民」的貧民區，他們多從事儀式上不潔或與死亡連結的工作，如屠宰、鞣革、肉品包裝，或更久遠以前也處決犯人。豪華東寺閃爍的霓虹燈是暗夜街頭的唯一亮點。

在巨大如穀倉的空間中央，是個緩慢旋轉的圓形舞台，男人排排坐著等待表演開始。津田和我坐在第二排，時間一到，燈光暗下，一道柔和粉紅的光灑滿舞台。一名年輕男子拿著鉻製麥克風出現，他穿著閃亮的靛藍西裝，戴著紫色領結，大聲歡迎我們前來欣賞表演，他的聲音在整個劇場鬼魅迴響。他為表演者一一唱名介紹，她們魚貫而入，手上提的塑膠野餐籃整齊地蓋上有各種卡通人物圖片的布，史努比之類的。我看到其中一人進場時把手上的嬰兒交給後台人員，法蘭克．辛納區（Frank Sinatra）〈夜裡的陌生人〉從沙沙作響的音箱中流洩而出。

女孩子穿著輕薄睡衣，整齊劃一地鞠躬甜笑：很榮幸能娛樂我們今晚的貴賓。她們蹲下來掀開野餐籃上的布，仔細地把各種道具放在舞台邊緣：各種尺寸的按摩棒，粉紅、鮮黃、豔紫，還有小黃瓜、用鮮豔玻璃紙包好的保險套。所有動作均止乎於禮，道具也整齊地行排列，

〈夜裡的陌生人〉仍然播放著。

她們站起身，擺出撩人的姿態，表情卻像是戴上面具的能劇演員或是文樂戲偶。觀眾席上的男人有老有少，有些穿西裝打領帶，像是下班直接過來的。有些則是學生打扮，其中一些人還帶著運動背袋。有些年長者則穿著日本勞工制服：下身著寬卡其褲、纏著厚羊毛腰帶、腳踏黑色足袋鞋。

在旋轉的舞台上，幾位女孩露出友善微笑，緩步走向擺滿保險套與道具的舞台邊緣。其中一兩位拿起假陽具或小黃瓜，走進我們頭上幾個嘎吱作響的透明方盒中。音響開始播放一首老派的日本演歌，內容關於孤單的母親苦等兒子從國外歸來，津田在我耳邊輕聲說這是戰時歌曲。

津田說：「現在仔細看。」他早已是這些表演的常客了。一個接一個，台上的女孩子走到舞台邊，邀請觀眾席上的男子趨前加入她們。在此同時，我們頭上的透明方盒中，女孩忙著將小黃瓜和假陽具塞進陰道中。男人咯咯笑，互相拱對方爬上去。一個穿西裝的瘦小男子被朋友推向前，但他拒絕上台，臉紅得發漲，猛搔後頸——典型日本人覺得尷尬時的肢體語言。最後有一名穿著運動褲和球鞋的學生上去了。他直挺挺站著，像是閱兵的軍人，眼神空洞地盯著前方。甜笑的女孩脫下他身上所有的衣物，只留下一雙白色運動襪。她熟練地為他戴上保險套，然後撩人地躺下。戴著紫色領結的司儀說：「各位先生，天堂之門即將開啟。」觀眾席中傳來鼓勵的喊叫，年輕人的眼神避過女孩，臀部開始劇烈扭動。

可惜，他還是過於緊張。津田跟我說學生往往會為了這些表演存錢，不然他們也沒有什麼別的管道可以享受性愛。年輕人汗流浹背，女孩發出輕柔的呻吟，告訴他沒有關係。但在最後一下絕望的挺進後，男子放棄了。年長的觀眾對著男孩的失敗哈哈大笑，女孩拍拍他的背，他狼狽地下了舞台，身上仍只有一雙白襪，褲頭拉到大腿處一半。

我問我的朋友，所以這樣就沒了嗎？他用手心示意我稍安勿躁：「等等你就知道了。」司儀透過麥克風做出下一個宣告：「尊貴的來賓，現在終於來到『特出』（特出し）的時刻。」我轉頭問津田：「特出？」「耐心一點。」司儀對著麥克風大口換氣後，用英文說：「打開。」

觀眾席中的男人，彷彿等待這個高潮許久，紛紛往前睜大眼睛。三個女人坐在舞台邊，後仰用手肘撐地，非常緩慢地張開雙腿，為觀眾入迷的窺視露出私處。司儀發送放大鏡與小手電筒，他說：「請傳下去共享，讓每個人都可以好好欣賞。」

劇院中一片死寂，現在沒有任何笑聲。女人像螃蟹般在男人面前橫向移動，在手電筒與放大鏡的協助下，每個男人輪流望向女性的奧祕，女人則要男人無須急躁。我完全呆住，這表演帶來的震撼不亞於第一次看寺山修司的劇場或唐十郎在紅帳棚裡的戲。這個世界詭異至極，卻又非常人性，像是某種原始儀式一樣。

表演結束後，津田與我在車站旁的小酒吧喝了一杯。他對我們剛才目睹的表演有個理論，他解釋，日本仍保留古代母系社會的遺緒。太陽在神道教中受到眾人景仰，是名為天照大神的女神。根據傳說，天照大神某日發怒躲進洞穴裡，於是世界籠罩在黑暗當中，邪靈亂舞。別的神明擔心事態嚴重，試圖勸誘天照大神現身，但她倔強地拒絕了。他們用了各種方式：讓長鳴鳥啼叫，假裝清晨已至；在樹上懸八咫鏡及八尺瓊勾玉擺在洞穴前，但她仍不為所動。然後是代表歡笑與喜悅的天鈿女命開始在倒放的木桶上狂舞，跺腳時衣服鬆開私處隱現，眾神哄堂大笑，天照大神無法遏制自己的好奇心，從天岩戶中往外瞥，此時在樹上八咫鏡中看到自己的倒影而分神，眾神將她拉了出來，世界才再度重現光明。

我們在京都車站分開前，津田告訴我的遠遠不只有這個故事。津田要回到東京，而我前往不遠的小鎮，希望能見到人體泵浦和他的家人。我不知道他們的日常生活該是什麼模樣：也許是某場嘉年華，又可能和別的馬戲團員和怪胎們一起住在浪漫的木棚、甚至帳篷裡。我心中浮現一幅他們練習吞劍、吞金魚，還有學狼嚎叫的景象。

由於日本的地址毫無邏輯可言，找他們的房子著實花了我不少工夫，但最後還是找到了。如同其他成千上萬間的房子，這是間藍色磁磚屋頂的普通現代住宅，座落在一條相當單調的郊區街道上。人體泵浦穿著卡其褲和格子襯衫歡迎我進門，並端出茶和甜米餅招待。我們隨意聊了一下天氣、最近增稅的困難，以及旅行的麻煩。電視雖然音量調低，卻一直開著。沒有著裝的狼人穿著厚重的灰毛衣，是個沉默寡言的人。蛇女一直端出更多的米餅招待我，直到我再也吃不下為止。生吃活雞的女孩向我問起亞蘭・德倫（Alain Delon），她像無數其他日本女孩一樣迷戀他。或許她以為同是外人的我可能會對她的偶像有特殊理解。

他們對我好得不得了，但我不禁感到有些洩氣。神祕感消失了，沒有什麼絕對的「他者」。我並沒有穿透某個祕密世界的混濁深層，我的浪漫被戳破了一些些。

所以我的沉浸是一場幻象嗎？也不盡然，畢竟共通人性才是當初我在歐洲看日本電影時深受吸引之處。而在吞金魚的白化症患者中產階級家中，我找到的也是共通人性。和許多其他普通家庭一樣，平靜的表象可能隱藏了各式祕密的陌生，如果是這樣的話，我在這裡沒有看出來。但我的「導師」唐納常提醒我日本人沒有什麼隱藏的深層可言，他會說：「他們嚴肅地對待表象，包裝不只是包裝，包裝本身就是內涵，這是他們美感的核心概念。」

或許他是對的，表象很重要。我在日本試圖模仿的其中一件事，是我覺得看起來很酷的穿搭風格。當時七〇年代的年輕人流行穿木屐，夏天的時候尤然。木屐本應要與和服一起穿，但年輕人會搭配牛仔褲。木屐是由一塊木頭加上一條布帶，少數非常潮的年輕人會穿上更時髦的高木屐，這種款式通常是魚販或其他需要在濕滑地板上走動的勞工在穿的。「高齒木屐」（高下駄）是超高跟的木屐，穿上時會有點像在踩一對小高蹺。

我當然選擇穿高齒木屐，在東京狹窄的購物街道上亂踅，木屐踩在柏油上會令人滿足地嘎嘎作響，自我感覺非常日本，這是我沉浸的一部分。直到有一天，我去拜訪親戚在青葉台的豪宅，也是我在東京頭一個月住的地方。我拖著木屐沿路嘎嘎作響，當時街上有不少人，也包括親戚家那些教我日本之道的員工。我才一走近大門口，腳下的木頭突然間碎成多塊，讓我醜態盡出，我感覺到我腳下的木屐已經無力回天了。我只好靠還穿著木屐的一腳，一跛一跛地進門。沒有人笑我，他們出於禮貌沒有笑出來。事實上，所有人都假裝什麼也沒看見。

4

對唐納・李奇而言，在俄亥俄州的利馬鎮長大一定是很痛苦的事。利馬是美國中西部的工業小鎮，仍有3K黨的勢力殘存，完全不適合一個渴望冒險、有藝術家性格的年輕同志男孩生活。他唯一的出口是西格馬電影院（Sigma Movie Theater），這裡為他開展了更寬闊的世界。他曾經寫道自己覺得瑙瑪・希拉（Norma Shearer）和強尼・維斯穆勒（Johnny Weissmuller）更像他的親生父母，他是這麼說的：「在西格馬積灰的黑暗中我很快樂，比在家的時候更像在家。」*

寺山修司在偏遠的日本東北長大，即使在東京居住多年後，他還保留、甚至刻意維持他濃厚的地方口音。他的父親在戰時當兵戰死，他的母親在美軍基地的酒吧工作，很少在家。照顧他的親戚擁有一間電影院。寺山在大螢幕後面寫作業，和俄亥俄州的李奇聽著一樣的幽靈般聲響長大。這座夢想宮殿「聞起來有股尿騷味」，後來反覆出現在寺山的詩集與劇作中。

---

* 出自 Arturo Silva, ed., *The Donald Richie Reader*, Berkeley: Stone Bridge Press, 2001.

他的綺想餵養了我的綺想，我一路跟隨他的馬戲團出走自己的母國。

唐納的大逃亡時刻在戰爭結束時來臨，他加入了海軍商船。當時最喜歡的書是一本名為《亞細亞》（*The Asiatics*）的綺靡遊記，作者是斐德列克・普羅克許（Frederic Prokosch）。內容描寫一個年輕人從貝魯特到中國的旅程。不過普羅克許本人完全沒有到過柏林以東的地方，書完全是作者參考旅遊指南與遊記杜撰出來的。唐納在一九四五年或一九四六年真的見過普羅克許，他的海軍商船停靠在那不勒斯，普羅克許剛好也在那裡過冬。作家穿著優雅的奶油色西裝，用眼光巡視商船船員，挑選一些俊美的水手到城裡共度春宵，唐納也雀屏中選。普羅克許對他一見傾心，想知道他海上艱苦生活的所有細節，唐納卻表達他對普羅克許作品的仰慕，結果文豪翻了翻白眼，嫌惡地轉身就走。

後來唐納離開海軍商船，申請一份日本的工作，錄取的理由是他快速打字的特殊才能。他在一九四七年抵達東京，開始為軍方新聞《星條旗報》寫稿。日本當時仍由美軍占領，有「不得與本地人士親善交流」的規定。夜總會、酒吧、電影院、咖啡廳，甚至連歌舞伎戲院都禁止進入。萬一偷溜進這些本地場所被抓到，將會受到遣送回國的處分。唐納還是賭了一把，他無法想像沒有電影的生活，他也想要去當地人去的地方。

在匆忙重建的脫衣舞吧、全女子歌劇與歌舞秀俱樂部之間，其中一間他所沉迷的場所是依然矗立在淺草廢墟中的搖滾座戲院（Asakusa Rockza Theater）。他「縮在後頭，聞著當時人們身上的米味汗臭，混著男人頭髮上山茶花髮油香味。最重要的是螢幕後方，那遼闊冰冷、滿是灰塵卻令人期待的空蕩中，然後光照了下來。」

這時電影對唐納來說，可能不再像當年在俄亥俄州一樣是生活的替代品，但電影卻為全然日本的世界提供了一個視角。螢幕上說的話，他一個字都聽不懂，但他卻相信這反而也是種優勢，強迫他更注意眼睛所看到的一切。如果他連故事劇情都很難理解，至少可以了解電影說故事的方式。他注意到跟好萊塢電影相比，日本電影幾乎沒有特寫鏡頭，鏡頭以中距離處理角色的肢體語言，他很訝異鏡頭構成時的空間運用，留下許多想像餘地，有點像是傳統中國畫作。

三十多年後，米味汗臭與山茶花髮油已經遠去，但淺草與東京各地的許多老電影院依然存在。有些藏在後巷，有些在地下購物商場，有些則在百貨公司頂樓。一九七〇年代的東京是全球頂尖的電影城市，選擇多如紐約，甚至比肩巴黎。當時有數十間藝術電影院，主要播放新電影，或安東尼奧尼、大島、費里尼的回顧影展。最新的好萊塢片以及日本商業電影在散布全城的上百間電影院中放映。當時也有比較見不得光的場地，在香菸瀰漫中，整晚播放日本黑幫電影、羅曼情慾片或是日本武士大河劇。

對「俗氣」的偏好，吸引我整夜狂嗑以高倉健或鶴田浩二為主角的黑幫電影。高倉健和唐納私人收集的那些粗獷鄉村男孩長得非常相似，這些電影都有很容易預測的形式，並以宗教儀式般肅穆嚴加遵循：英雄男主角受到反派羞辱挑釁，忍無可忍，最終在決戰中毫無例外地獨自死去。與真正黑幫關係緊密的東映電影，是這些電影的主要製片。幫派分子通常都很保守，反派是詐欺的銀行家、腐敗的政客或貪婪的建商老闆，他們身著細紋西裝與花俏的領帶，高倉健與其他黑幫英雄則穿著和服。他們是碩果僅存的真英雄，貫徹古老的武士守則：忠誠、犧牲、正義。他們用武士刀與怯弱的反派作戰，反派則無一例外地用槍。

與其說經典黑幫電影抱持右翼政治觀，不如說它極端反現代化。電影幾乎完全虛構出一個純粹而傳統的日本，遭到當代資本主義與西方生活方式汙染。這種卡通化的歷史可以追溯回十九世紀中，船堅砲利的美國逼迫日本走出鎖國。然後是一九六〇年代瘋狂的經濟繁榮，加上對美軍占領期間的受挫感，讓這種幻想有了新生命。這也是像高倉健這樣一個反動英雄，之所以成為左翼學生抗爭者偶像的原因，學生也渴望只存在於神話中的純粹社會。

我和那些一九六〇年代的學運分子雖然沒有相同的渴望，仍然可以感受到黑幫神話的吸引力，然而這種類型經典早已成為過去式。日本黑幫電影在很多層面上都類似美國西部片，兩者到了一九七〇年代，也同樣都變得更黑暗，也更偏激。或許我對早期電影的品味與逃離自身背景的嘗試有點關係，但我想一定還有別的原因。只要有點男人的浪漫，誰不會站在拿武士刀的和服男這邊，看他對抗拿槍的西裝男？經典黑幫電影是對於失樂園的共同輓歌。

因此當高倉健從腰間抽出武士刀，我也跟著響亮歡呼，看他獨自出發，面對必然死在敵人槍下的宿命。這項自殺任務會伴隨原聲帶中的激昂歌曲，通常由主角本人演唱，頌揚死亡成為反抗腐敗西化惡棍的最後復仇。戰爭結束三十年後，神風特攻隊的精神猶存。即使已經在打瞌睡的觀眾都會在電影高潮時醒來，對著螢幕大吼：「加油，高倉健！死也要像個男子漢！」

我很快就發現，日大藝術學院對我的日本電影教育幫助不大。雖然我繼續使用暗房來玩攝影，但我不再去上電影課，連感傷牛原的課也翹了。我步入唐納的後塵，他藏身東京的斷垣殘壁中，我則是沉浸在自己想像的日本之中，過著我的日式生活。也就是說，我泡在電影院中度過大半時間。

在這個學習計畫中，我的學校是國家電影中心。這是間隱身在高架橋下的平淡白色磁磚建築，位於京橋地下鐵站附近。唐納向經營此處的和善管理者介紹我，其中一人是清水先生，他戰時在上海為一家日本製片公司工作，專門製作符合日本軍事占領意識型態，又不會淪落到赤裸裸文宣的中國電影。清水看起來很嚴厲，但幾杯清酒下肚後，他會開始臉紅傻笑，講述他在上海占領區那段美好時光的往事。

清水非常崇拜經營戰時片場的男人川喜多長政，他是日本電影界的傳奇人物，從戰前便與妻子嘉志子代理歐洲電影到日本，並持續在國外推廣日本電影。他在一九四〇年代真誠地同情中國人，導致上海日本軍方不信任他，曾有謠言傳聞日本特務雇用流氓試圖把他做掉。我偶爾會瞥見川喜多長政在電影中心遊盪，他是個衣冠楚楚的銀髮男士，穿著剪裁合身的深灰色西裝。他花花公子的名聲，像昂貴香水的餘味揮之不去。他的夫人嘉志子比較常出席活動，是個十足的貴婦，永遠穿著低調的和服。她不只是電影中心的常客，幾乎東京所有的私人放映會都看得到她的身影。她的行止優雅絕倫，讓人在她面前自慚形穢。在她耐住性子看完又一部關於穿皮衣、戴墨鏡年輕人的「青春片」後，她會禮貌微笑，美麗頷首，宣稱這是部「出色的電影」，而毫無任何要推廣的意圖。

影痴在黑暗中假裝過著他人虛構的生活，這有點詭異。津田有時會跟我一起來電影中心，有時我的同伴是個名叫瓦西利斯的希臘籍電影學生，他有著肉肉的蒼白臉頰，對溝口健二的電影有極大的熱情，他幾乎不談別的話題，除非他看到經過的女生穿迷你裙而被吸引，並發出輕輕的呻吟，像是狗兒渴望放飯一樣。瓦西利斯會滔滔不絕地評論溝口的默片，或是《西鶴一代女》（1952）中著名的推軌鏡頭，其中田中絹代飾演的沉淪女子，一度是貴族愛妾，想要再看一眼貴族宅邸內失聯已久的兒子而不可得。瓦西利斯甚至會模仿《雨月物語》（1953）片尾宮廷樂曲中的竹笛聲。

有很長一段時間，我每天下午都會去電影中心看放映的片，有時候晚上也去。那邊有大島渚和黑澤明的經典回顧展，我自己發現了當時仍沒沒無聞的導演成瀨巳喜男的傑作，他鏡頭下的絕望故事，講孤獨的酒吧老闆娘與女人想要逃離婚姻的桎梏，卻徒勞無功，他的電影和大島的家庭劇一樣深深感動我。木下惠介的喜劇狡猾而顛覆，也在電影中心播映過，還有一些比較不常見的系列，像是拍得非常出色的日本戰時宣傳片，或是常常受到德國表現主義電影啟發的一九二〇年代默片，都非常有意思。我在唐納·李奇書中讀到的美妙電影，不再只是片名而已，就在京橋那棟乏味建築的頂樓，這些電影一部接一部重獲新生。

儘管電影涵蓋了日本社會的每個層面，憂傷不已的女性角色，往往才是藝術電影中反覆出現的主題：英勇、自我犧牲的母親、善良的娼妓，以及深陷絕望戀情、最後為愛自殺的女人。對女性高度的興趣，在一個女性解放進程如此緩慢的國家，看起來有點違和，可能跟男性的罪惡感有點關係。溝口健二自己是東京與京都妓院的常客，有次他在性病診所一整間妓女面前，為男人的所作所為向她們致歉，說著便潸然淚下。

身為電影中心的常客，我很快就認得幾個黑暗中的同道中人。他們是一群放映時無役不與的怪胎：一個纖瘦的長者，永遠戴著白色牛仔帽與線編領帶；一個時髦的娃娃臉，穿著淺灰色的西裝並別上珍珠領帶別針，活像一九二〇年代的電影明星；一個矮胖的四十歲男人，有點像流浪漢，留著油膩的長髮，邋遢地穿著背後印有「我是日本嬉皮」字樣的牛仔外套。他們始終如一地坐在第二排的固定位置，如果有哪個不識相的影迷不小心坐到他們的位置，還會默默引發走廊上的碎念抱怨。

我並不覺得他們彼此很親近，大家散場後各走各的路，但在電影院裡他們焦不離孟。中場休息時，他們會聚在走廊上，回想最愛電影的不同場景，重述幾段對白，然後交換各自對演員的意見。小津安二郎《晚春》（1949）的最後一幕，笠智眾飾演的父親在獨生女婚禮後回到空無一人的家中，這一段被他們逐格解析。有時他們也會針對某段表演的優劣鬥嘴爭執。

我一如往常在邊緣徘徊、默默聆聽，並未加入這個專屬的團體。我完全不知道他們的姓名，想必他們也不知道我是誰。但他們不知從何得到消息，知道我跟約翰·史勒辛格有點關係，導致每次我走進放映間時，都會看到坐第二排的人轉頭看向我，悄聲說「孰類辛嘎」。

我覺得笠智眾或田中絹代，或應該更精確點說，他們所描繪的虛構角色，對這些影痴來說比任何真實存在的人類都還要真實。這也是為何一般而言，影痴比樂迷或芭蕾舞迷來得更古怪一點。因為他們是黑暗中的生物，從別人的生命中獲取養分。

不過我當然也是其中一分子，我沉醉在日本電影黃金時代的作家與導演們所想像的日本生活中，我當然也喜歡三大名導：小津安二郎、溝口健二、黑澤明。有些人會說，沒有人會同等地喜歡三人，因為他們在風格與氣質上迥然相異：小津安二郎極具禪意的極簡主義；溝口健二繁盛如畫的日式美學；黑澤明技術為本的天縱英才，一部分來自快節奏的好萊塢式剪片風格，一部分則來自古典日本劇場的戲劇性。

一般公認小津安二郎是三者中最具日本風格的，甚至因此讓他的電影公司起初不願意將電影發行到海外，他們預設外國人永遠無法理解，甚至可能會嘲笑穿西裝坐在榻榻米上喝茶的日本人。黑澤明有時會受到「散發奶油臭」的批評，這是日本諺語中形容人事物有假洋味的意思。即使身為菜鳥電影學生，我也知道這是一派胡言。黑澤明是三人中在一九七〇年代唯一還活著的導演，他被討厭是因為在海外獲致的成功。他是諺語裡那根突出的釘子，所以影評盡全力要把他給敲回去。

有些西方影迷把日本電影視為一種邪典。其中一位是叫麥克斯·特西耶（Max Tessier）的法國人，他簡直把日本電影當作一種性癖好，廣博的知識可以和電影中心裡那些在暗中才自在的影迷一較高下。不過如果有人問他既不會講日文，甚至也未長時間待過日本，為什麼會無視其他作品，單單迷戀日本電影，他會非常惱怒。彷彿有人問一名同性戀男子為什麼他喜歡跟男人睡一樣，他提到自己的熱情所在時，彷彿是在表達某種生理需求。

我認為我可以解釋自己對日本黃金時期電影的痴迷，這個時期橫跨一九三〇年代到一九六〇年代，在此之後電視摧毀了片場系統，偉大的日本電影越來越稀少。包括小津安二郎、溝口健二、黑澤明、成瀨巳喜男，以及其他比較不為人知的導演，他們電影的共通點便是情感上的寫實主義。他們用罕有的誠實處理各種晦暗的人性衝動，諸如性慾的、社會的、精神的，這在歐美電影中很少見到。這不只是電影天才幸運匯聚一時的結果，日本觀眾也扮演了重要的角色。他們很能接納情感上的寫實主義，這點在今天可能已經不成立，我不確定原因是什麼，或許是因為連艱困與匱乏的共同記憶都已經漸漸消逝。

唐納在寫黑澤明時，曾說他電影中的英雄絕非一開始就是英雄，而是持續處於一種轉化的狀態。這個評論一直留在我心中，因為這句話不只適用於黑澤明的電影，也適用於唐納本人。這也讓我想起他所說的那些在日本的浪漫派外國人，把自我作為一種半成品的想法，開放而迎向未知。唐納也曾經說過，所有偉大藝術的主題，都在探索真實的本質。這可能也是為何黑澤明對細節的追求有莫名狂熱的原因，電影中的一切看起來都要是真的。十六世紀電影布景的道具必須要是真的，不能是假貨。在電影《蜘蛛巢城》中，黑澤明耗費鉅資打造中世紀城堡，但注意到建築使用了釘子，可能會被攝影機拍到不符史實，將整座城堡拆掉重建。但這一切都是屬於黃金時代的特權，當時電影公司賺的錢足以縱容這些明星導演。到了一九七〇年代，好日子已經過去了。黑澤明在日本四處碰壁，籌不到足夠的錢去拍他想拍的電影。一九七一年，他曾試圖用刮鬍刀自殺。

我在八年後親眼見識到黑澤明的完美主義，當時我和唐納被請去在《影武者》中充當葡萄牙傳教士，即使我們倆看起來一點都不像從伊比利半島上來的人。電影資金有一部分來自好萊塢電影公司，我們的角色不用說話，只在群眾場景中消縱即逝，甚至很難被看到。然而，當我們在東寶株式會社擁擠的化妝間，面對鏡子上妝換戲服時，黑澤明花了一下午的時間計較我們的樣子、唐納頭髮撲白粉的量、我們耶穌會僧袍的剪裁。到最後，這一切徒勞無功，這兩個小角色給了另外兩個外國人。

但我看到了黑澤明拍攝《影武者》戰爭場景的經過。這個故事講述十六世紀時，竊賊奉命假扮為將死軍閥，以維持追隨者的軍心。戴著藍帽與深色眼鏡的黑澤明君臨天下，雙臂抱胸、雙唇緊閉，下巴微抬，像是個校閱軍容的將軍。他斷然揮舞手臂大喊：「預備！開始！」幾百名戰馬上的武士隨即衝下山丘，午後陽光的金輝映照馬蹄揚塵。黑澤明憎惡地跺腳，命令士兵回到原位再來一次，因為有人快了一秒揮舞綠旗，毀了這個鏡頭，所以要重拍。

黑澤明與《影武者》片場裡的演員

早在一九七六年，我就曾於史丹利．庫柏力克（Stanley Kubrick）的《亂世兒女》（*Barry Lyndon*）獨家放映時見過黑澤明。電影院燈光亮起，川喜多夫人便向黑澤明介紹我是約翰．史勒辛格的侄子（我唯一可資辨識的名號），這位戴深色眼鏡的高大男人禮貌地微微一笑。接著他對新式五十五釐米鏡頭發表長篇議論，庫柏力克用它來拍攝僅用燭光點亮的十八世紀室內布景。黑澤明喜歡講技術遠勝於理論，他痛恨別人問及作品的意義，因為作品本身應該要不辯自明。他可以解釋技術細節，關於多臺攝影機的架設，或使用哪種特定的電影膠卷，但這些事情他都已經講到不能再講了。我看著他在記者會上吞雲吐霧，對於已經聽過太多次的提問，完全無法掩飾他的不耐。日本人管他叫「天皇」，許多人都很怕他。

黑澤明曾說，如果沒有電影的話，他也就不存在。他必須要有正在運作的計畫，否則他其實可以自我了斷。他在一九七〇年代末經歷了一段不如意的時光，等著籌到足夠的錢拍攝《影武者》，這讓他格外暴躁。為了度過財務上的難關，他出現在許多三得利威士忌的廣告中，他最信賴的助理野上照代是一位了不起的女士，眾人暱稱她為「小野」，她也擔任製作人的角色。她的藝術判斷可能是黑澤明除了自己之外唯一信任的人，他從來沒有對她大吼大叫，她就像是他的御守一樣。每個鏡頭開拍前，黑澤明會轉向站在主要攝影機旁的小野，問她看起來好不好。有一天，小野打電話給我，問我是否想入鏡威士忌廣告，同行的還有法籍電影史家麥克斯．特西耶，我們要和黑澤明在他位於富士山外緣緩坡處的鄉間別墅對談。

黑澤明當時顯然心情不佳，坐在他的椅子上抽菸，呼喝攝影師調整正確角度與適當打光。名義上負責導演廣告的男人，只要每次黑澤明命令他的工作人員，就會緊張地滿頭大汗。我轉頭望向窗戶外的黑色火山地景，緩緩沿著遠處名山上升。麥克斯講了跟好天氣有關的話題，黑澤明咕噥抱怨。然後我問他《七武士》中的一景，黑澤明沉吟了一會兒。

我們兩個熱愛日本電影的歐洲人坐在大師面前，在與黑澤明對談的威士忌廣告，一句話都講不出來。打光燈讓我熱得很不舒服，我很快就和焦慮的導演一樣汗流浹背。廣告導演悄聲說：「麻煩請說話。」並緊張地瞥了黑澤明一眼。

黑澤明點了另一根香菸，等待著，右手握著一杯琥珀色的麥茶。麥克斯向他問及《蜘蛛巢城》不就是在這附近拍的嗎？黑澤明深色眼鏡下的眼睛終於亮了起來。他回答，沒錯，並指向外面的黑沙。城堡就蓋在那裡，穿著盔甲的三船敏郎在城牆上近距離被箭射穿。隨著黑澤明指出著名終曲的攝影機位置，並比劃出飾演中古日本馬克白的三船敏郎，如何蹣跚緩慢地走向死亡，廣告拍攝地中的電影地景，也奇特地顯得更加鮮明。我可以在心中重現電影細節：充滿顆粒感的黑白地景、濃霧、風聲，以及三船敏郎眼中的恐懼，幾乎可以看到老城堡再度隱現在窗外。至於廣告本身，我不認為後來有播出。

⋯

很奇怪的是，我不太記得跟唐納一起去看過很多場電影。我們常聊電影，但鮮少一起看電影。我混電影中心的時候他完全沒來過，但我們一起去過一間特別的電影院，到現在還是讓我記憶猶新。

唐納住在一間俯瞰不忍池的頂樓小公寓，不忍池就是我第一次在紅帳棚裡看唐十郎狀況劇場表演的那個蓮花池。不忍池所在區域上野是庶民下町的一部分，唐納覺得這裡比東京富裕的丘陵區更為自在。淺草也離這邊不遠，從唐納的公寓走幾分鐘就可以見到錯綜狹仄的巷弄，裡頭盡是霓虹燈酒館與提供特別服務的按摩店。留著小捲頭、脖子上有刺青的年輕皮條客會晃來晃去，試著吸引顧客上門。在溽暑的夜晚，唐納喜歡在蓮花池旁的小公園逡巡。好幾年後，愛德華・賽登斯蒂卡從同一個公園的入口水泥階梯跌落，死於頭骨碎裂。

公園附近有間優雅的老神社湯島天神，自十四世紀落成後重建多次，供奉十世紀詩人菅原道真的神靈，後來轉世為火雷天神。但有趣的是，湯島天神也是男性愛的守護神，神社周圍曾聚集男妓院、無牌的歌舞伎表演與賭場，不過很早就都人事全非了。

唐納經常光顧的戲院位於神社與公寓之間，是一間專門播放羅曼情慾電影的地方。售票口貼滿的海報，盡是制服少女被蒙面男子蹂躪，或黑道對年輕人妻為所欲為的畫面。觀眾必須往下走幾個階梯才能進去。唐納像是位雀躍的嚮導對我說：「來吧，你一定要見識一下。」

我有點疑惑，因為我無法想像唐納為何會對這種電影感興趣。一進到戲院的黑暗長廊，難聞的汗臭、尿味與刺鼻清潔劑撲面而來。水泥地板感覺很滑，男人進出公廁，調整他們的褲頭腰帶，裝作若無其事，然而他們的眼睛卻四處張望，彷彿在找什麼似的。

一開始很難看清電影院裡的景象，只傳來一陣很大聲的女人高潮喘息。我轉向螢幕，戴墨鏡的男人正在用假陽具取悅一位端莊女性。唐納消失了，隨著我的眼睛逐漸適應幽暗，我注意到只有我一個人在看大螢幕。就在此處，夢想宮殿裡沒有人藉由電影過著第二人生。每一排座位上的男人不分老幼，全都衣衫不整，勃起著、抽動著、摩擦著，連電影中傳來的高潮叫聲都無法蓋過觀眾席上的喘息與咕噥。我看到唐納在另一邊，臉上掛著深沉滿足的笑容。

過了一會兒，我覺得我看夠了。我的導師說：「不，你一定要去一下廁所，在大廳有偷窺孔。」我說，不用了，我真的可以想像那是什麼光景。唐納有點失望，帶我走出黑暗濕滑的長廊，就在那一刻，一位中年男子穿著女裝從公廁中走出來，他唇上的口紅已然糊成一片。他一認出唐納，立刻低頭恭敬鞠躬，畢恭畢敬地說：「老師好。」語氣不帶絲毫的反諷，給予這位偉大學者他應有的尊重，而唐納禮貌地鞠躬回禮。

或許到頭來，還是有純真這回事。

5

在我們定期的咖啡聚會中，如果唐納不聊電影或日本人，就會開始大談性事。他工作地點附近的咖啡廳很受年輕上班女郎的歡迎，她們穿著端莊的辦公制服，及膝灰長裙與閃亮黑皮鞋，用精巧的銀湯匙從高腳巧克力百匯中挖鮮奶油來吃。唐納喜歡點起司蛋糕，但吃像狼狽。他嘴裡塞滿蛋糕發表高見：「性，在日本看起來永遠唾手可得，邀約近在眼前，誘惑隨處可見。」他舔下唇邊最後一塊蛋糕屑，繼續說道：「然而，性往往還是讓人搆不著邊。」

從他所講的諸多誘惑故事中，我得到的印象卻非如此。有一次他宣稱自己常用的技巧，是詢問地鐵中的年輕男子下一艘開往品川的船何時出發。品川古早以前是東京的門戶，現在則是個單調的工業郊區，這問題雖然顯得很怪異，卻也能藉此破冰，偶爾還可以導向更親密的關係。

但我懂唐納的意思。我從未待過任何一個國家，在廣告文化、大眾媒體與娛樂上比日本更加沉浸在情色幻想中。日本情色想像並不像在別的國家一樣遮遮掩掩、躲躲藏藏，反而光明正大。因此讓人產生無盡情慾可能的印象，但對於「得體」的共同認知，確保上述可能性未必會發生。

日本作為西方男性的肉慾天堂，這種想法已經存在多時，至少在他們的想像中如此。十六世紀末，葡萄牙耶穌會教士前來傳道，要讓日本上流階級改信基督教時，震驚地發現當時的女性可自由離婚、墮胎或搞外遇。早期傳教士所撰的日本生活紀事，讀起來就像現今嚴格遵守教義的正統穆斯林對西方的描繪一樣驚世駭俗。時至今日，日本社會已經歷劇烈變化，讓伊比利傳教士所震驚的女性社會自由，在往後數百年間大幅縮減。但日本作為淫穢之地，國內盡是順服藝妓與蝴蝶夫人，這樣的形象卻繼續流傳。

當法國作家兼海軍軍官皮耶・羅逖（Pierre Loti）在一八八五年抵達日本，他決定要娶「黑髮貓眼、嬌小的黃皮膚女人」，並與她一起住在「小紙屋」中。他每個月固定付一百日圓，讓一名專精此道的仲介安排一位年輕女孩跟他暫時交往，她成為羅逖筆下的菊花夫人。羅逖無法用共同語言與她溝通，或視她為成人（她當時應已十八歲），而是直接把她當做玩偶來對待，「娛樂的玩物，裝飾用的小動物」。這位小玩偶似的女性成為蝴蝶夫人的原型。*

---

* 出自 Jan van Rij, *Madame Butterfly: Japonisme, Puccini, & the Search for the Real Cho-Cho-San*, Berkeley: Stone Bridge Press, 2001.

從某方面而言，我在萊頓當學生時，讓我留下深刻印象的楚浮電影《婚姻生活》也有著相同主題。年輕的法國男子一旦玩膩了，隨即拋棄京子，就像羅逖之於菊花夫人，或平克頓上尉之於蝴蝶夫人，彷彿這件事再自然不過。

我先前已經坦承了自己對京子的迷戀，然而和唐納不同，我來到日本不是為了逃離因為性傾向而壓迫我的社會，我的女友也完全稱不上玩偶，但我無法想像一個人浸淫在另一種文化中，卻感受不到任何感官上的吸引力，學了一輩子中文、卻不喜歡吃中國菜的人，讓我百般不解。日本對我來說確實有強烈的情色刺激，和麥克斯．特西耶對日本電影的迷戀一樣，無法輕易解釋。儘管部分相關，這不完全是日本人長相的緣故，更是因為日本獨特地融合了慾望與禮儀、放縱與端莊，或作家亞瑟．柯斯勒（Arthur Koestler）曾在一本關於日本的書中所描述的：堅忍的享樂主義。

除此之外，還有說出來很難不被指控是種族歧視的理由。事實上，對其他族裔群體的情色迷戀，無法和種族偏見的思考一刀兩斷。我認識一位知名的漢學家，他對中國文明的知識與熱愛並駕齊驅，多年來都住在北京。這位學養豐富的男人曾經告訴我，和中國女人做愛時，他無法抑制自己正在「和中國交媾」的念頭。

我覺得他的意思相當接近我對日本劇場或人體泵浦的著迷：一種對於他者的沉醉、一種探究箇中奧祕的慾望。這不僅是心靈上的，更是肉體上的。當然，這種追尋註定徒勞無功，你可能從沉醉中醒來，但這種神祕從本質上便令人難以捉摸，或許這也是唐納試圖在咖啡店裡告訴我的事，不過這仍然無法阻止我嘗試追尋。我和不少女朋友交往過，也試過一兩個男人，當然還有與我同居的女人，但我依然未曾與日本交媾。

亞瑟．柯斯勒在一九六〇年時曾造訪日本，此前則在印度待了幾個月，他的任務是了解亞洲靈性對西方人能否有什麼啟發。他對於他的所見所聞印象不太好，尤其是印度。在日本，他則是時而厭惡，時而狂喜，但他的第一印象對我來說仍然大致正確：「一開始，肉慾感官的愉悅是旅人無可避免的反應。這個文化表面滿布光澤，有精緻無比的漂亮玩意兒、微笑的禮儀、跪坐的女侍、紙屏風屋、玩偶、和服。但凌駕一切的則是閃現的情色氛圍，像梳過女子長髮時的靜電，這種毫無罪惡感的情慾主義，是歐洲自古以來一無所知的。」*

柯斯勒終究還是覺得微笑的儀節來自「堅忍的享樂主義、斯巴達式的奢靡」的國家，令人惱怒，甚至很機械化。這裡再次提到了玩偶，從另一種角度觀察，社會規範的人造本質，以及服從高度演練過的禮儀形式，反而能造就凸顯人類個體性的矛盾效果。歌舞伎劇場始於十七

---

* *The Lotus and the Robot*, London: Hutchinson, 1960.

世紀初，本是由浪人表演的狂野情色娛樂，後來才將精緻人工融入最驚悚戲劇的藝術。演員刻意模仿文樂木偶戲的動作，也是歌舞伎最初構思的源頭。然而他們一點都不像機器人，彷彿越硬是將人類情感塞進風格化的手法，情感釋放時的戲劇性越是強烈。

在一九七〇年代晚期，我為荷蘭電視台製作一支紀錄片，講述百貨公司年輕電梯女郎的訓練過程。這些所謂電梯女郎的舉止一點都不自然：她們臉上化著濃妝，齊一地穿著高跟鞋、白手套與端莊的小筒帽；她們發出歌舞伎般的假音，並在每個樓層停駐時完美執行鞠躬。她們不只要花很多時間受訓來改變原本的聲音，更有機器教導她們精準地四十五度角鞠躬。因此得到的效果非比尋常——人類像盆栽一樣被修剪，如法國路易十四宮廷裡的侍臣一樣行止有度。有人可能會以為，刻意促成這種受拘束的女性形象，背後意圖是完全單純的。然而其中卻有著令人不安的色情意象。儘管現代化的百貨公司播放著童稚廣告歌曲、鋪上大理石地板，並且有叮叮噹噹的電梯音樂，卻彷彿注入了一股熱辣辣的ＳＭ元素。

・・・

一九七六年冬天，我和壽美繪決定分手。其中一個原因，無疑是我總覺得在安全的避風港中少了點什麼。情色天堂令人神往，我想要找到入口進去。所以我搬到一間破爛不堪公寓的二樓，這間老屋位於人口密集的目白，此處有圍牆豪宅也有平房，且離東京鐵道中樞之一池袋不遠。傳統日式風格的公寓有兩房一衛浴、廚房。主要房間也兼作臥室，有破舊的榻榻米地板、滑門、木鑲板。窗戶看出去是竹林與鳶尾花環繞的小池塘，浴室裡有個老木製浴筒，如果沒有定期刷洗會變得黏黏的，馬桶則是傳統蹲在洞上的那種。

這樣的公寓在東京越來越難找，因為大家逐漸住到比較摩登的寓所，有塑膠浴缸、沖水馬桶，也捨棄了榻榻米。我的住所有點破敗，但我非常喜歡。樓下住著一對有小孩且焦慮不已的年輕夫妻，他們從來不會抱怨人這樣來來去去，爬上嘎吱作響的木樓梯來到我的房間，而且吵鬧的派對也是家常便飯。

我某任女友是爵士歌手，總在深夜為我高歌佩姬李（Peggy Lee）的名曲，至於為何是佩姬李，我也不清楚；另一任女友很迷羅西音樂樂團（Roxy Music），總是穿著黑皮褲；然後是念法國文學的學生，兼差做輕歌舞劇的裸體舞者來賺外快，她沒完沒了地談論世紀末巴黎的頹廢詩人；還有一位舞者在隆冬陪我去蜿蜒的日本海岸旅行，我們在狹小破敗的木造旅舍中做愛，雪花像白蛾般貼在窗戶上。在認識超過一個晚上的男孩當中，我大概只記得一位在迪斯可搭訕的藝術系學生，他隨身扛著多本昂貴的義大利版《時尚》雜誌，要求我為他翻譯，我問他為什麼不買美國版的，事情會容易得多，他還說他一直夢想去羅馬。我記得他們的面容，但可惜的是多數人的名字都不復記憶。同時間，我也和壽美繪保持聯絡，她仍住在我們的舊公寓，不知道我生活的細節，卻以沉著的自信耐心等候我回頭。她說就像如來佛看著孫悟空在手上跳舞，她是如來佛，至於潑猴自然就是我了。

我和一個朋友羅伯合租了數個月，他跟我曾一起在萊頓學中文。他除了是中國文學學者之外，也是名鼓手。他原本在台灣研究廿世紀初上海夜生活的文學紀實，從台灣搭船抵達日本沒多久，就受邀加入一群渴望成名的日本搖滾樂手。他們在城市界線外藏汙納垢的娛樂區為脫衣舞秀伴奏，藉此圖個溫飽，船橋的小酒館尤其聲名狼藉。

羅伯神情憔悴，金髮及肩，有種貌似維京人的神態，吸引大批日本女孩，她們對外國人的品味與我們自己對日本女孩的興趣不相上下。羅伯無須開口詢問下一班去品川的船期，便能引人注目，他甚至什麼都不用做，只要害羞微笑，嘴上叼著一根菸，就會有女孩投懷送抱，詢問是否能跟他練習英文。一旦氣氛對了，得體的規矩瞬間就被拋諸腦後，也或許是外國人往往可以讓日本人忽視正式規則，這是身為局外人的一大好處。

族裔或文化的戀物癖不會只是單向的。羅伯的眾多俘虜中，有位叫景子的漂亮學生，她瘋狂迷戀艾瑞克·克萊普頓（Eric Clapton），小房間牆上貼滿了克萊普頓的照片，像是座私密聖殿。她第一次跟羅伯在咖啡廳見面時就表示，他跟她的偶像長得有多像，不過這顯然與事實相去甚遠。他對於她在歡好時，一定要在錄音機上播放艾瑞克．克萊普頓歌曲的習慣不是很介意。直到有一天她在高潮時情不自禁地用日本口音在他耳邊大喊「艾～力～庫！」連他都開始覺得事情有點過頭了。

羅伯告訴我這段遭遇時，我想起那些專門提供各種音樂狂光顧的咖啡店，只播歌劇的，只播自由爵士的，或只播懷舊搖滾金曲的，日本人用「狂」這個字眼在這些專屬熱情上。麥克斯．特西耶是日本電影狂，我的朋友瓦西利斯是溝口健二電影狂。有些日本女孩是白人狂，有的是黑人狂。有間迪斯可叫做「無限」，女人在裡面勾搭來自東京附近各大軍事基地的黑人。附近則有間「紅衣主教」，在要找外人的年輕日本女性之間很受歡迎。女小說家山田詠美成名日本文壇的小說，便是根據她和黑人的性關係而作。她在美國軍事設施附近或諸如無限的迪斯可釣男人，她筆下的黑皮膚性伴侶，竟詭異地與羅遜對於長崎玩偶女孩的描述相似：一種玩完就丟棄的物品。

山田的戀物品味可能比較小眾，多數日本人完全沒有和外人發生親密關係的興趣，這種想法甚至會讓他們覺得噁心。但在一九七〇年代的日本，身為白人男性的確有明顯的優勢。外人可以獲得的注目，絕對比在家鄉來得多，而且也不只是來自迷戀白人的女孩而已。外人的特權是真實存在的，讓人很容易混淆少見與特殊，甚至是優越。當時已經有不少以美國人為主的西方人，靠著在電視上現身表演「才藝」掙了不少錢，儘管他們唯一的「才藝」只是會說一點日文而已。他們會出現在談話節目或綜藝節目中，像是經過訓練的海豹一樣，一開口就可以讓攝影棚內的觀眾愉悅驚嘆。七〇年代最有名的外國才藝表演者（日文簡稱「外タレ」）是位美國女子，她不但會說日文，還有濃重的大阪腔。

這些注意很容易導致毫無根據的自傲，不過也同樣可能讓外人憎恨自己的狀態，或日本人對外國人試圖融入的抗拒。有一天我在銀座附近的中國餐廳與一位澳洲朋友吃午飯，後來他成為一位傑出的職業編劇。他跟我一樣很早就成為寺山修司劇場的戲迷，他日文流利的程度，甚至可以學會困難的江戶落語，這項技藝連日本人都很少有人會。有一天他受邀在知名電視節目上展現他的專業，當他回憶當時狀況時，我可以感受到他的憤怒。他在攝影棚內穿著落語家的傳統和服。主持人是大眾文化專家，再三保證會以對待落語家同等的尊重接待他，綠燈亮起，他走到台前，結果成為噩夢一場，主持人用英文大吼：「你好！」宣稱他是會講日語的奇蹟外人，觀眾哄堂大笑。

還在為攝影棚內羞辱回憶而滿臉通紅的朋友，向站在桌旁的年輕侍者點了午餐，侍者用完美的英語回答，我的朋友再也無法自持，用流利的日語罵他：「該死，為什麼不能跟我們說日文？」侍者因突如其來的憤怒有些驚慌，坦承他的日文不是很好，因為他才剛從台灣過來。

我自己的態度則搖擺不定，有時候在同一天內，會對我的外人狀態從接受甚或享受，轉為因為被期待要符合種族刻板印象而惱怒。對多數日本人而言，典型的外人永遠是白人，不只是白人，還是美國人。亞洲人永遠不會是外人，黑人則是黑色的人（こくじん，音kokujin）。一開始，好奇的日本人會問你是不是真的能吃生魚片，或是驚訝地恭維你可以用筷子吃飯。這沒什麼問題，甚至很吸引人。畢竟在當時，很少有日本人親眼見過外人，尤其是在較大城市以外的地區。整體來看，即使不斷被誤認為美國人，被問及加州與紐約的生活，也不是特別痛苦難熬。但一段時間後這些都令人困擾，我所認識的人當中，少數完全不介意當個外人的就是唐納．李奇了，他熱愛「穩穩坐著歇腳，從遠處觀察世界」。

可以確定的是，許多日本人非常希望外國人符合心中的刻板印象，而不要跟日本人一樣。我搬進目白的公寓後不久，有個美國攝影師葛瑞格請我跟他一起去京都，他安排到一間古老藝妓茶屋拍照。葛瑞格個頭很大，不拘小節，是名越戰退伍軍人。他一句日文都不會說，需要我幫他翻譯。

京都的藝妓茶屋源遠流長，有自己嚴格的儀節規範，和宮廷的複雜程度不相上下。我決定要拿出自己最日本的一面，禮數周到地鞠躬，運用敬語表達彼此的相對關係。當茶屋老闆拉開精巧的紙門，我脫下鞋子走進屋內，深深鞠躬並依照禮儀表達歉意（「我們很抱歉在這麼忙碌的時間打擾您。」諸如此類）。她鞠躬回禮，卻難掩困惑，好像我瘋了一樣。然後我聽到葛瑞格大剌剌地踏上木地板，臉上掛著大大的笑容大叫：「媽媽桑你好！」這位嬌小的女士穿著昂貴的和服，她一聽如釋重負，大大鬆了一口氣。她用京都腔英語回答：「葛瑞格桑，你好嗎？」

當然，電視攝影棚與藝妓茶屋不能完全代表日本社會，有交情的朋友就不會把外國人當成經過訓練的海豹。黑澤明最資深的助理，也是三得利威士忌廣告的製作人野上小姐，就是這樣一位朋友。她舉止優雅，眼界廣，從容應對來自各方的人。我和麥克斯·特西耶一起出現在黑澤明鄉間別墅的威士忌廣告後，她再一次請我去拍三得利廣告，這次偉大的黑澤明不會在場，我要在一個酒吧鏡頭中擔任臨時演員，跟其他外人一起喝威士忌，我的室友羅伯也同獲邀請。

有人來指示羅伯和我要在布景中要站的位置，這個東寶攝影棚也是黑澤明諸多傑作的誕生地。布景中有一條很長的美式木吧台，一名調酒師像搖沙鈴般調製雞尾酒。同夥的臨時演員多半來自附近的美軍基地，裡面有不少是非裔的海軍陸戰隊員。這次黑澤明不在，導演不再受到其氣勢震懾，意氣風發地像個大師，大聲對攝影師與音效人員下達各種指示。導演是個戴深色眼鏡與白色棉帽的瘦小男子，日本電影人的標準樣貌。燈光調好了，他下令開拍。

我們以自認氣氛熱烈的方式與海軍陸戰隊隊員閒聊，並且啜飲杯中斟滿的威士忌色麥茶，導演焦躁不安地大喊「卡！卡！」我們不知道哪個環節出了問題，但還是很願意重新開始。「開始！」我們再一次交談，這次更大聲一點，喝著我們的茶。導演大叫：「卡！不對不對，讓我示範一下。」他走到非裔海軍陸戰隊站的位置，開始瘋狂揮舞雙手，活像隻憤怒的猩猩。他一邊揮著空拳一邊解釋道：「要像這樣，更像黑人一點！」

海軍陸戰隊隊員都笑了，他們說：「好，我們懂了。」導演再次開拍時，黑人開始跳來跳去，邊叫邊擊掌，像是一群灌籃後的籃球員。這次導演豎起了大拇指比讚，他很滿意。這些傢伙看來完全不覺得冒犯，他們對這種事已經是老經驗了。

族裔幻想不會只是由東方流向西方或反其道而行，我在京橋電影中心明白了這點，那是一個至今仍記憶猶新的下午。我對一部絕對稱不上傑作的電影留下深刻印象，更勝於其他在這裡看過的偉大電影。《支那之夜》（支那の夜）屬於日本戰時電影系列選片，由伏見修導演，拍攝地點除了一九四〇年代時遭日本軍事占領的上海，還有東寶攝影棚，也正是我擔任威士忌廣告臨時演員之處。男主角是長谷川一夫，出道以美男子形象大受歡迎，卻在由松竹公司轉到東寶公司時，被原公司雇來的幫派分子劃傷了臉。女主角李香蘭則來自滿州國，這是日本當時在中國東北滿州設立的傀儡政權。

長谷川一夫是日本海軍商船的軍官，一天他走在上海的河岸，眼見幾個日本惡棍向一名年輕中國女子搭訕（李香蘭飾）。他替女子解圍，並安排她寄宿自己的旅舍「大和之家」（大和是古老的日本愛國名稱）。電影中的李香蘭在對日戰爭中失去雙親，悍然拒絕長谷川一夫與慷慨日本友人的善意，她的執拗讓長谷川一夫在盛怒之下煽了她一巴掌。對這惡名昭彰的一巴掌，當時日本觀眾詮釋為代表長谷川一夫誠摯的熱烈感情，中國人則視為奇恥大辱，並痛恨李香蘭自甘墮落，同意演出可憎的一幕讓全國蒙羞。電影末了，商船海員贏得她的芳心，她愛上了他，並了解到日本人的善意。

他們決定共結連理，但幸福的中日聯姻好事多磨。長谷川一夫的船被中國「盜匪」（日本人對所有游擊隊員的稱呼）襲擊，引發一場激烈槍戰。李香蘭以為愛人已死，沉溺於悲傷中。她前往襲擊事發地點，那裡有精巧的寶塔俯瞰古老的運河。她唱起日本童謠（《支那之夜》中很有趣的一點是，中國女孩在電影過了一半之後，就開始講完美無暇的日文），走入風景如畫的運河中一心求死。然後奇蹟出現了：日本海員其實還活著，他聽到她的歌聲，將她從水中救起，這對戀人在餘光中緊緊擁抱，象徵戰時感人的中日大團結，齊心對抗西方帝國主義。

總而言之，這就是中國版的電影結局，只是這種自作多情，並沒人買帳。電影特別為日本觀眾拍了另一種結局，女主角真的在運河中溺死，以符合日本對女性的浪漫刻板印象：為了心愛的男人而犧牲自己。

作為宣傳片的電影本身就已頗有可觀之處，比電影更有名的是輕快的主題曲，由李香蘭本人獻唱：「支那夜啊，支那夜／燈籠輕輕在柳窗外搖啊搖／紅色的鳥籠／中國女孩唱著情歌／哀傷的情歌……」旋律是中國樂曲的大雜燴，供日本人享用的中國風。儘管李香蘭因背叛中國而受到嚴厲譴責，但在日本卻大受歡迎，開啟了中國音樂與時尚的興起。日本女孩想要有和李香蘭一樣的樣貌，大家一路排隊到街角，只為了聽她在東京最大的音樂廳唱歌。這可是一九四〇年，對華戰爭正熾。《支那之夜》上映的三年前，日本皇軍才在中國首府南京燒殺擄掠，成千上萬的平民因而遇難。

李香蘭爆紅的主因並不是她差強人意的演技或稍微好一點的歌聲，而是她在日本人眼中極富異國情調的樣貌。李香蘭是有著水汪汪大眼的嬌小女子，髮際插上一朵蓮花，總是穿著絲質旗袍，並不能算是傳統的美女。但對一九四〇年代的日本而言，她代表著中國這塊大陸的風華。她是亞細亞主義的宣傳品，所有「黃色人種」幸福地臣服於日本帝國的良善統治。簡而言之，李香蘭也是種情色幻想。

如果電影本身已令人難忘，電影背後的故事更是如此，因為其實李香蘭根本不是中國人。她是一九二〇年生於滿州的日本人，本名山口淑子。父親是想在大陸淘金的投機者，為南滿州鐵道株式會社的日本員工教授中文。他也是個賭徒，財務問題迫使他請求同情他的中國將軍收養女兒。山口淑子除了流利的日中雙聲道之外，還跟她的發聲老師學了一些俄文，老師是白俄羅斯歌劇演唱家，革命爆發後逃到滿州。

一九三〇年代末，完全由日本人經營、日軍出資的滿州映畫協會要找一位中國女演員，在政治宣傳片中演出愛上英勇日本士兵或工程師的本地女孩，藉此宣揚日本的理念。然而，要找到有意且適合這種角色的中國女演員，顯然難上加難。在經過幾輪的選角後，公司老闆聽聞有位年輕歌手以三語在滿州國廣播中演唱。成名的誘惑足以說服女孩履行她的愛國義務，因此年輕的山口淑子很快轉型為中國女演員，改名李香蘭，她的真實身分成為受嚴密保護的國家機密。

一九四五年日本戰敗後，中國上海的愛國人士以漢奸罪逮捕李香蘭。她唯一能從處決令中自救的方式，是用必要的日本文件證明其真實身分。幸運的是，她有個強而有力、對她來說更像父親的守護者，那就是日本電影製作人川喜多長政，也是我偶爾在東京電影中心走廊上看到的那位傳奇人物。此時她又恢復本名山口淑子，有段時間是川喜多長政的情婦。唐納・

李奇記得在川喜多長政夫人嘉志子的喪禮上，看到山口淑子崩潰啜泣，哭喊著：「媽媽！媽媽！」隨著嘉志子長眠地下，和她先生有染的山口淑子這麼做或許有些矯情。

山口淑子的演藝事業在美軍占領時再度走紅。美國情報官都知道這號人物，因為《支那之夜》很常被用來當日語教學電影，片中的偽中國主題曲在美國戰略情報處（OSS）訓練中心很風行。山口淑子再次改名為山口雪莉，很快就出現在好萊塢電影中，如《東京黑暗街：竹之家》（*House of Bamboo*, 1955），由羅伯特·萊恩（Robert Ryan）飾演身在東京的美國幫派分子。電影海報上半裸的她，是美國男性對「藝妓女孩」的完美想像。在一幕著名場景中，她一邊溫柔地按摩著羅伯特·史塔克（Robert Stack）的裸背，一邊呢喃：「日本女人生來就是要取悅她們的男人。」

我深受這種雙重或三重表演的震撼：在日本電影中假扮中國人的日本女人、充滿異國情調的泛亞洲人，還有撩人的藝妓女孩。這位女星邀請日本男人想像與中國交媾，再讓美國人與日本交媾。

山口淑子的奇異故事古怪地讓我想起自己的童年，從很小的時候我就慣於將文化行為當做一種表演。我的外公外婆是非常英國的德猶移民，所以我扮演完美英國男孩的角色，回到海牙家裡則轉回荷蘭人模式，但我童年時會與荷蘭的英國文化愛好者一起玩板球，純粹自命不凡，為了幫自己增添一點英國味，讓自己和那些荷蘭草民有所區隔。就像不過幾代以前，時尚菁英都得說上幾句法文，來凸顯上流階級的優雅餘韻。早在親近日本之前，我所迷戀的是英國味。李香蘭對我來說是種符碼，不是指亞細亞主義，因為這顯然對我沒什麼意義，李香蘭是一種放任我自己幻想馳騁在國家與種族邊界的方式，或代表著生命是一連串持續的表演。

觀賞《支那之夜》大概十年後，我見到山口淑子本人。當時她擔任日本保守派自民黨的參議院議員，自民黨希望改善與中國的關係，徵召她成為某種文化大使。這是她再度自我改造之後的事情，她在一九六〇年代成為電視節目主持人，經常獨家專訪第三世界獨裁者，如伊迪·阿敏（Idi Amin）和金日成，巴勒斯坦問題也是她的關懷之一，因此讓她打入極左邊緣激進組織的圈子，包括一些後來成為色情電影導演的日本赤軍同路人。

她和我說話時中日文夾雜，有時會在同一個句子中轉換語言。我無法想像她和日本人說話時會這麼做，但我代表外面的世界。我們坐在她離國會議事堂很近的辦公室中，她看起來還是很像電影明星，柔軟白皙的臉上沒有一絲皺紋，戴著紫框眼鏡，頭髮烏黑亮麗，穿著軟拖鞋的助理為我們奉上綠茶。

她說：「我依然覺得中國是我的家鄉，現在回想起那些電影都很羞愧，但當時我年幼無知，只是奉命行事，我不覺得自己做錯了什麼，我把自己當成出生國與日本的友誼橋梁。」她睜大眼睛，我記得這副無助的表情也曾出現在《支那之夜》中，當她宣告對日本水手的愛戀時；黛安娜王妃要博取男性記者同情時，也有相同的神情。我感覺自己彷彿在見證另一場演練多時的表演。

我問她與伊迪・阿敏、海珊、毛澤東、阿拉法特、金日成等人的會面，她柔聲說道：「啊，金日成，大家都誤解他了。跟他握手時覺得非常溫暖，而目光又銳利無比，好像可以直接看穿你一樣。」至於毛澤東……她似乎一度情緒激動，身軀輕微顫抖。「他是個偉人，偉大的亞洲人。你知道他跟我說什麼嗎？他說他在戰時看過《支那之夜》，感謝我拍了這部片，我覺得肩上的重擔彷彿就此卸了下來。」

一個比較好的訪談者可能會繼續追問，但我不知道該說些什麼。一陣靜默之後，她說：「我知道我以前站錯邊，因此我希望大家都是朋友。我可以當民族間的橋梁，這是我的目標，我一生的志業。」

《支那之夜》這些年來仍然縈繞我的心頭，這次會面後我又見過她幾次，但她還是一個謎團，我所看到的是一次又一次重複的表演。她的故事在日本成為當代神話，被改編成幾部電影，不只一本的代筆自傳、一齣戲、一齣音樂劇，甚至好幾本漫畫，她永遠不會解開這個謎團。

我終於在許多年後寫了一本關於她的小說，內容不完全和她的真實生活相關，畢竟真相難以捉摸，更多的是由她創造出來的虛構故事。

到頭來，我還是得離開目白的心愛公寓。屋主是生意人，有著一排歪七扭八的金牙。他和小眼睛的討人厭太太想要把房子拆了，蓋一間現代公寓大樓或汽車停車場。我一點都不想搬走，樓下的焦慮夫妻也是。在日本，只要房客定期繳交由地方政府代管的租金，就很難在租期中把他們趕出去。一開始，房東太太會前來遊說我們搬家，我告訴她現在沒有錢可以搬。她眼睛瞇成一條線，撲粉的臉上露出精明的奸笑，「我們都知道外人是什麼德性，我們知道你們外人很會賺錢。」

我一向對反猶侮辱很敏感，想起在東京各大書店看到的那些解釋猶太人統治世界的書籍，但我不覺得她是這個意思。外人可能就只是外人：貪婪、現實、粗魯。

說服很快就轉為施壓，這讓樓下的年輕媽媽很焦慮，有一天她淚流滿面，因為房東太太威脅她，說房子在地震時會倒塌，而她的孩子一定會被壓死。房東太太接著威脅我，如果再不聽從，她就要去通知我的學校。果不其然，我很快就被叫去藝術學部的部長辦公室。一位官僚笑笑說他聽說我住宿有些問題，我應該要明白大學這邊不想再接到任何類似的相關投訴。

於是我搬到舊藝妓區裡的一間單房公寓，住在一對篤信創價佛教運動的情侶隔壁。他們每天都會留一份教義介紹在我門口，直到有一天堆得太高才被清掉。我用狹小廁所充當暗房洗相片，旁邊則有老派的錢湯，我每個晚上都去洗澡。和我一起洗澡的日本人都非常禮貌，他們會假裝我不在那邊。

要說接下來發生的事，若說和那位在目白的齷齪房東太太，或怕事的日大藝術學部部長有任何關係，也未免太推託卸責，事實上我根本找不到任何藉口開脫。那年在京都的除夕夜，我的行徑只能說是丟人現眼。

我們一夥五個人一起去京都：朋友津田、室友羅伯、研究日本史的美國學生吉姆、叫金先生的日大同學，還有我，和羅伯交往的前衛舞者純子後來也加入我們。我們全都擠在京都鴨川旁一間破爛旅舍的房間裡。旅舍附近的區域一度全是妓院，一九五〇年代末嫖妓被明令禁止後，許多老房子都轉作廉價旅舍，主要提供年輕外國人住宿。日本人普遍希望避開他們，擔心有什麼不名譽的牽扯。阿絹是經營旅舍的親切老婦人，她自己也曾是在此處工作的妓女，對於戰後軍事占領期間的美國大兵有著美好的回憶。

新年第一天是日本最重要的節日。家庭團聚，整天享用豐盛的冷食，這些「御節料理」早在節日來臨前便已精心備妥。通常在前一夜拜訪佛寺神社後，友人從大清早便受邀飲用清酒與味噌麻糬湯汁料理「雜煮」。阿絹雖然曾為妓女，對京都傳統卻有自傲的堅持，她承諾我們醒來後的早晨會有滿桌的京都新年料理。

津田也安排了新年特別節目。他一向擅長讓年長女士留下深刻印象，她們總認為自己能助他一臂之力，讓他成為文壇的明日之星。其中一位是來自老京都家族的女士，優雅出眾。她住在美麗的傳統房舍中，還有精心維護的日式庭園以及茶室。她慷慨地邀請津田帶朋友一同來享用傳統新年午餐。

我們對於這些即將來臨的盛宴並沒有想太多。我們在嚴寒的除夕夜裡出發，星光冷冽地照在大雪覆蓋的京都廟宇屋頂上。街上滿是成群的日本年輕人，許多都為了慶祝新年盛裝穿著和服，緩步在古老的宗教聖地走著，這些聖地奇蹟般地在戰爭中倖存，因為京都在最後一刻從原子彈摧毀城市的清單上被劃掉。（據說美國戰爭部長亨利・史汀生〔Henry L. Stimson〕戰前造訪過京都，無法狠下心來摧毀這座古都。）

我們已經灌下不少啤酒，現在則傳著一大瓶清酒，直接對著嘴巴喝。酒精與嚴寒讓我們頭暈腦脹，開始有點肆無忌憚起來，我們這些外人這次可不能再被禮貌地忽視。我記不得是吉姆還是我的主意，想到如果角色互換，讓素昧平生的日本人體驗我們外人日常生活中所有的陳腔濫調，一定是個絕妙的玩笑。你可以吃生魚片嗎？我們這樣問驚訝的路人。那你會用筷子嗎？你用得這麼熟練實在是太神奇了。你可以跟我們講關於美國的大小事嗎？就這樣沒完沒了，我們越喝越醉，也益發惹人厭。要是在別的國家，這種行為一定活該被打。我們僥倖逃過一劫，只能感謝日本人的禮貌。

津田與金先生也假裝這一切都非常有趣。清酒一大瓶接著一大瓶喝，過了午夜，我完全站不起來，被其他人拖回旅舍，金先生撞破房間的玻璃窗掉出去，弄出一個冷風口，不過沒人注意到這點，因為大家都陷入深沉的睡眠中，只有吉姆、羅伯和年輕舞者還醒著。沒有人記得到底是吉姆或羅伯，還是兩個人一起和舞者在滿是玻璃碎片的榻榻米上做愛。

我們隔天早上睡到很晚才起來，發現阿絹在桌上擺滿了精心準備的美麗菜餚，還為我們每個人準備了一小瓶清酒。光只是看著食物與酒水就足以讓我們作嘔，羅伯與金先生打滾呻吟，陷入某種昏迷。當阿絹進來祝我們新年快樂，詢問我們用餐是否愉快，我得編藉口解釋我們昨晚不太好受。她看著房間一片凌亂，一言不發地離開。

大約到了下午兩點，我們終於頂著劇烈頭痛與翻騰的肚子起身，拜訪津田慷慨且優雅的女贊助人。我們理應中午就到，黑色的方桌上擺滿精緻無比的佳餚：精心烹煮的鯡魚卵與菊型的蓮藕裝在黑色漆器中、飽滿鮮紅的鮭魚卵與肥大的烤蝦浸在糖滷中。女主人身穿優雅的和服，花紋是慎重的粉紅與灰色，她不慍不火地解釋道，如果我們能準時到的話會更好，因為碗盤的顏色是特別搭配紙窗透入的光線而挑選的。不過現在時間晚了，她只好更換了整套餐具，搭配現在的時間。

就在她解釋的當下，我們出於禮貌試圖夾了一些菜來吃，津田離席進了廁所，發出一陣可怕的咕嚕聲，我們全都盡責地假裝沒聽到。我們頂著身體的不適，還是撐過午宴，禮貌地聊天。吉姆拿起一只精美的茶碗，順手把玩，詢問是否來自江戶時代。這位寬宏大量的女士說：「是的，你說得沒錯。你們外國人真是學識淵博，我們日本人相較之下就比較無知。但這不完全是來自江戶時代，這茶碗要再老一些，其實是製造於安土桃山時代，十六世紀晚期。」

津田終於從廁所的洗禮中回來，我們也該告辭了。太陽已經西沉，在精巧的餐具上投射出美麗的光影，裡面的佳餚我們大部分都沒有碰。我們誠摯感謝女主人，並對於遲到致上無比歉意。「別在意，」女士說：「歡迎你們大家隨時再來。」

我第一個從木廊走下石頭玄關，我們的鞋子整齊地排成一直線。我準備穿鞋，彎腰面向門口，背對著我的朋友與女主人，她正一一向我們鞠躬道別。我實在忍不住了，發出像是短促而響亮的喇叭聲，就這樣一瀉千里。眾人再次陷入驚愕的沉默，我起身，所有人都假裝什麼都沒聽到，什麼也沒聞到。

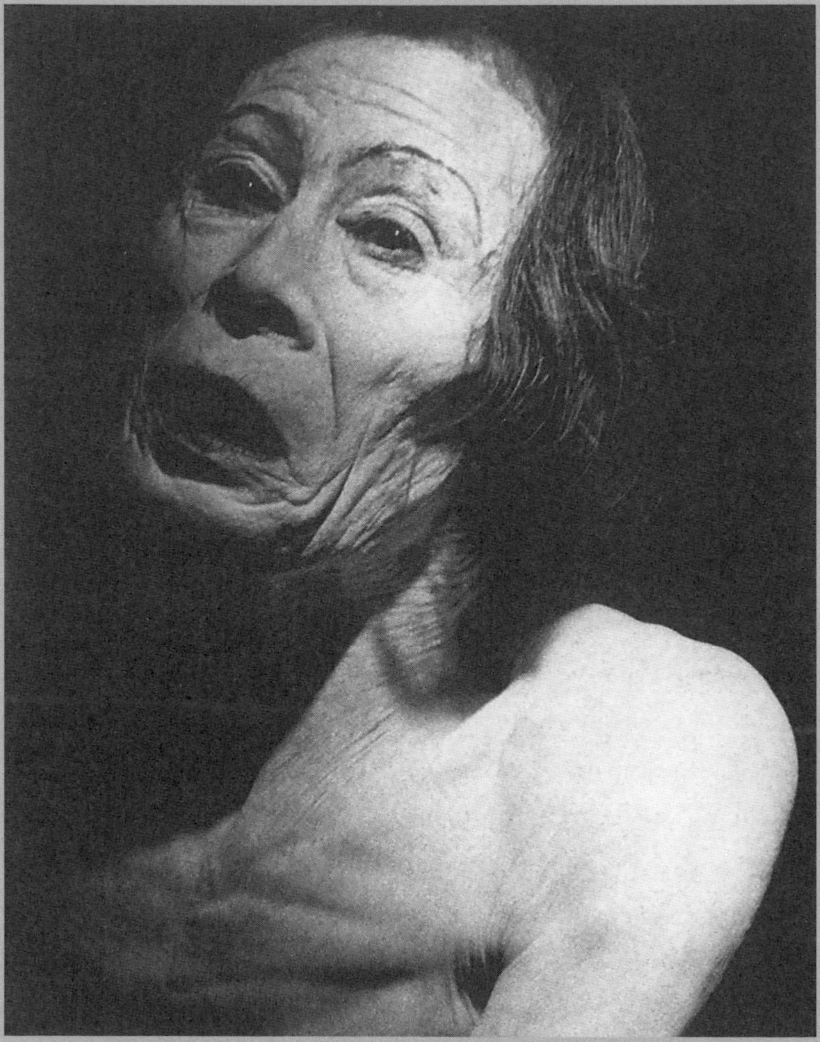

七十多歲仍在跳舞的大野一雄

6

一九七七年的跨年夜，我在石綿工作室。舞蹈工作室位於目黑的這棟兩層樓建築物，以前生產有毒絕緣體石棉，工作室因此得名。幾個人在一樓輪流用木槌捶打糯米，製作新年吃的傳統麻糬。我知道裡面不少人都很有名，但我只認得出幾個，而且不太清楚他們到底有多麼厲害。池田滿壽夫無視於周遭喧鬧，癱在地上熟睡。他是版畫藝術家與小說家，扁扁的頭顱上冒著一叢茂密捲髮，瘦得像株蒲公英。日本最偉大的現代詩人谷川俊太郎正與面色蒼白的專欄作家、同時也是薩德侯爵作品的翻譯者澀澤龍彥深談。澀澤戴著墨鏡，慢條斯理地用柔軟腔調說著十八世紀的正式法文。細江英公是攝影家，他曾拍攝三島裸身擺出萬箭穿心的塞巴斯提安姿態。此時，他的相機鏡頭正對著一群男性舞者，他們如棕蛋般的光頭載沉載浮，正在鬥毆。我也注意到建築師磯崎新與大野一雄。大野當時七十多歲，是個高雅的紳士，他以身著白色蕾絲舞衣、跳著慢版風格化探戈而聞名，即使到了九十多歲，連走路都有困難，還是不失高雅。性感女詩人白石也在場，她曾是拳王穆罕默德．阿里的情人。戴著金屬框眼鏡的自由爵士鋼琴家山下洋輔，正忙著幫演員兼舞者麿赤兒倒清酒。

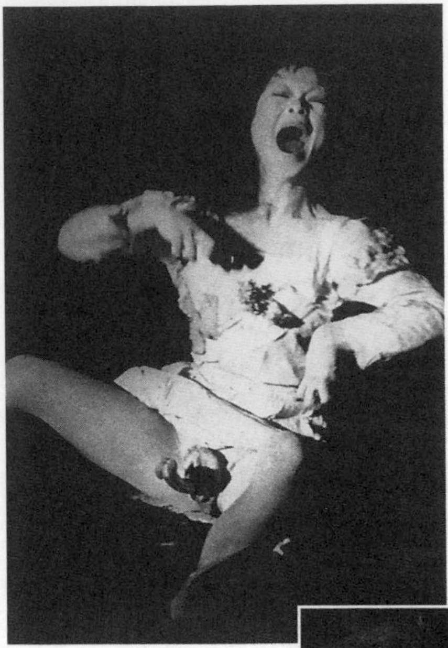

土方巽石棉工作室的舞者

我是跟著麿赤兒來的。他說：「來見見土方先生。」我當然知道土方巽，每個對日本劇場與舞蹈感興趣的人都知道。他是暗黑舞踏之父。暗黑舞踏這種日本現代舞形式大概可說是由土方在一九五〇年代末一手創造，他刻意用一種怪誕美學對抗西方芭蕾舞與日本古典舞蹈。土方巽此時已不再跳舞，但身為編舞家仍然稱霸舞踏世界。「石綿工作室」是他的舞團，這個舊石綿工廠是他岳父的。我曾經在麿赤兒的巡迴演出中見過土方巽。「他來了！他來了！」當土方與他的首席舞者蘆川羊子經過我們的座位時，周遭人竊竊私語。高個子的他蓄著小鬍子，眉毛又濃又黑，一頭黑白相間的長髮隨意綁著，看起來就像是某位宗師，仿若對因他出現而引起的騷動視若無睹。

我堅稱自己沒什麼能跟大師聊的。「不，應該有人正式引介你。」麿赤兒很堅持。我們沿著窄梯爬上一個閣樓般的大空間。土方正坐在長木桌前對著一群我大多不認得的人說話，坐他旁邊的是蘆川，蘆川是個勻稱的女子，有著近視的小眼睛與戽斗。在舞台上，她畫白臉扮怪相，深陷眼眶之中的眼睛幾不可見，她的黑齒所剩無幾，看起來就像是十八世紀版畫裡誇張的歌舞伎腐屍。

土方巽叫他的明星舞者挪出位置，拍了拍身旁的坐墊叫我坐下。麿赤兒向他介紹我是學電影的年輕學生，認識唐納・李奇。土方禮貌性點點頭。他一九五九年就認識唐納。那是土方第一個舞踏演出，靈感來自於三島的小說《禁色》：一個關於年輕俊美的男子被憤世嫉俗的年老小說家所誘惑的故事。在表演中，性慾高漲的土方強暴了由大野慶人（大野一雄之子）擔綱演出的年輕男子，而年輕男子在他的大腿之間夾了一隻活生生的雞。這場表演在東京引發軒然大波，唐納與三島由紀夫一起去看了這場表演，他印象深刻到決定要和舞者一起拍片。

電影《犧牲》（*Sacrifice*）以八釐米鏡頭拍攝，長約十分鐘。一直以為佚失，但還是被找到，並且修復回原版中略為曝光不足的狀態。在韓德爾「彌賽亞」的音樂中，一位年輕舞者被一群穿著飄動和服的亢奮男女攻擊侵犯，這群人在他身上便溺嘔吐，最後用切肉刀閹割了他。

我見到土方巽時還沒看過這部電影，甚至不記得我是否聽說過。但我知道土方巽的作品瀰漫著痛苦、折磨與死亡。他一直在講尚・惹內（Jean Genet），最喜歡的藝術家是漢斯・貝爾默（Hans Bellmer），一位住在巴黎的德國超現實主義者。貝爾默專門肢解女偶，並繪製色情變態的工筆畫。土方也用薩德侯爵的作品製作了幾齣舞碼。

「所以，年輕人，」他邊說邊幫我倒清酒，「你到底是做什麼的？」我解釋我正在學電影。他咕噥道：「學習，學習，我們全都在學習。但你打算要做什麼？」我吞吞吐吐地說攝影與電影之類的，不是很有說服力。

「再說一次你叫什麼名字？」我告訴他我的名字叫布魯瑪，在日文中聽起來像是「燈籠褲」

（ブルマ，音buruma）。「啊，」他說：「內褲，所以我親愛的小褲褲，你喜歡什麼樣的音樂？跟我說些特別的，說些我不知道的。」我嚇得答不出來，於是我轉而問他最喜歡什麼音樂。「為什麼改變主題？」他問：「我們講的是你。」

我可以感受到我讓他覺得很無聊，於是他決定裝裝樣子以改變心情。倒也不是為了我的面子，比較像是喝到醉了有點累。「蘆川！」他對首席舞者大吼：「去買酒！」蘆川羊子看起來不知所措，「但是老師，」她低聲地說：「大半夜的，店家都關了。」很難分辨土方巽是真的生氣還是裝模作樣。「妳是沒聽到我說的嗎？出去幫我買酒！」他輕蔑地揮揮手。「滾！滾！快滾！」

於是蘆川羊子出門了，也是為了擺個樣子，她在冷得要命的街上遊蕩到她覺得差不多可以回來，然後對大師說她已經盡力了。此時，土方巽已經放棄我了，開始聊起貝爾默，饒富興致。那些在一九三〇年代製作的女偶，以各種怪異的扭曲姿態抗議納粹對於亞利安人健康肉體的崇拜。貝爾默的娃娃與舞踏舞者備受折磨的肢體活動有點像，土方巽解釋，日本人的身體不像長手長腳的外國人，「我們所有的力量來自於大腿，所以我們跳舞時不延伸，我們深蹲，我們喜歡接近大地。」很久以後當我終於看了唐納的電影《犧牲》時，回想起這則評論：一個女人緩慢地蹲著走向那個被犧牲的受害者，在他身上撒尿，然後和別人一起閹割了他。

土方巽將話題轉向妓女阿部定。她在與情人的性愛遊戲中勒死了對方，然後將他的陰莖割下，這也是電影《感官世界》的主題。土方說：「我認識阿部定，她是個藝術家。藝術家得像個罪犯，必須使人流血。」

大師說話時，圍繞在桌邊的每個人都很安靜，對於他的真知灼見點頭贊同。蘆川羊子悄然無聲地溜回房間，土方甚至沒問她到底有沒有弄到酒，他可能完全忘記這檔事了。正當我準備下樓時，他說：「小褲褲，你知道你是什麼嗎？你是臺電視機。」

至今我仍然不清楚他確切的意思，但我想我大概知道。這個評論不懷好意，但的確有點道理。我那時仍浸潤在他人的生活中，只是學習而沒有創造，像是相機一樣反射回去，而沒有給出屬於我自己的東西。但我其實有機會這麼做，雖然微不足道。新年除夕在石綿工作室度過的那一年，我把一隻腳伸進了舞蹈世界。

．．．

一九七七年春天，李查爾・典・卡特（Ritsaert ten Cate）來到東京。我之前在阿姆斯特丹見過他，但說不上認識。他是密克里劇院的創辦人，我在那裡第一次看到寺山「天井棧敷」的演出。李查爾是富裕的織品製造商之子，他的外貌驚人，在東京尤然：非常高、笨手笨腳、聲如洪鐘。他的臉像是張凌亂的床：雙眼浮腫、臉頰鬆垮、豬肝色嘴唇，金色的長髮從快禿的後腦勺垂下。無聊時他會裝好笑的荷蘭腔，這一定讓日本人覺得莫名其妙。但李查爾也是喊水結凍的廿世紀國際劇場大亨，他培育了彼得．賽拉斯（Peter Sellars）、威廉．達佛（William Dafoe）、羅伯．威爾森等諸多人才。日本人知道這點，所以帶著莫大的敬意款待他。

李查爾是為了要了解日本劇場現況而來，而我則擔任他的嚮導。我們坐在由山口「赫比」駕駛的黃色飛雅特裡晃來晃去，山口是寺山前妻九條映子的男友，而九條映子則是個菸抽很凶的前舞孃，我每週教她一次英文，她是天井棧敷的經理。

儘管李查爾看起來跌跌撞撞，他其實很有文化素養，而且對劇場直覺很敏銳。「我不用腦袋去評斷藝術，」他喜歡這麼說：「我必須用身體去感受。」他聽映子說過土方與他的舞踏舞者，也看過一些電影片段。他主要是想把土方請到阿姆斯特丹表演，不過最後無功而返。東京主要的舞踏巡演，除了石綿工作室之外，還有麿赤兒的「大駱駝艦」，李查爾也想認識麿赤兒。

麿赤兒答應在大駱駝艦的工作室與我們會面。工作室位在東京東南方擁擠的住宅區，他看起來跟李查爾一樣引人注目：剃光的頭、黑鬍子從嘴角兩側垂下、一雙敏銳而沮喪的眼睛，

鷹赤兒

他身上有種憂鬱與不祥的特質。一九六〇年代，麿赤兒是狀況劇場中的主要演員，儘管他為人熱情幽默，但我可以理解唐十郎為什麼專門要他演悲哀的鬼魂或其他怪裡怪氣的角色。我也可以理解為何在很多電影中，麿赤兒經常演出各種怪物。

唐十郎與麿赤兒都將土方視為劇場導師，他教導他們用身體作為戲劇的中心元素。土方以及後來的前衛劇場工作者都在反抗日本劇場的學院風格。在當代，日本演員與舞者都看似太常模仿西方人。要返樸歸真並不是靠復興諸如能劇或歌舞伎等日本傳統，這些早已成為博物館展品，真正的方法是復興日本戲劇的精神：以風格化、甚至暴力地使用身體來呈現作品。寺山鼓勵演員跟觀眾發生肢體衝突；唐的演員則是像喜劇演員一樣誇張表演，打打鬧鬧的。麿赤兒在七〇年代初離開唐的劇團，自組最具劇場風格的舞踏舞團「大駱駝艦」。麿並非受過專業訓練的舞者，但身為演員的他運用肢體取代語言，演出那些特意稀奇古怪的舞蹈劇場作品。唐赤兒與寺山依然運用語言，但麿徹底拋棄。

李查爾與我坐在麿赤兒工作室的木地板上，看著舞者像是緩緩復生的腐屍般移動，四肢抽搐、面部扭曲、眼珠滾動、張大嘴發出無聲的吶喊。他們在地上蠕動、爬滑、蹲坐，身體扭曲地活像貝爾默的娃娃。因為只是排演，他們沒有畫上白米粉末的舞踏全妝。但男性全都如光頭佛僧，有些人甚至連眉毛都剃掉了。錄音機刺耳地大聲播放著德國搖滾樂團「橘夢」

（Tangerine Dream）的金屬樂聲。

回到旅館之後，我問李查爾覺得如何。他聳聳肩，無法解釋為何自己沒有留下深刻印象。他不斷重複，土方才是真貨。我無法理解他的遲疑，我認為那些舞者很棒。直到李查爾返回阿姆斯特丹，又過了很久之後，我才領略到他當時的直覺。我們在麿工作室所看到的排練十足日本：由某位偉大藝術家透過純然的膽識與實驗精神所創造出的戲劇方法，已經確立為一種風格，並透過不同流派的大師以各自的變化傳承下去。這種情況同時也發生在茶道，過去是喝茶時發自內心的美學愉悅感，如今是富家女士花大錢去茶道學校，學習遵循的一整套嚴格規矩，古典戲劇與花道亦是如此。如今，從某方面來看，這現象也發生在一度前衛的舞蹈形式上。

這並不代表麿的舞團很平庸，他本人是極為傑出的表演者，舞者亦是一流的，他也不單是模仿他的老師。真正欠缺的，其實是土方早期作品中的危險性：什麼事都可能發生，而觀眾會被作品激怒。這不只是性格的問題，一九六〇年代發展出來的多數概念均已被形式化，晚近甚至有些做作了。寺山死於一九八三年，其追隨者仍然以他所立下的風格進行演出，他在戲劇上的創新凝結成一套模式，如同能劇或歌舞伎中的儀式化動作一樣缺乏彈性。這當然不是日本獨有的現象，但可能在日本更為明顯。

我第一次看舞踏表演就深受吸引。即便形式高度複雜，它依舊是日本文化中「情色、怪誕、荒謬」張力的另一種變形，是底層懷舊的前衛表達。我之所以對此感興趣，自然與生於東北泥濘稻田的土方不同。再說，我也已經準備好證明自己不只是一台由外往內看的電視攝影機。好巧不巧，這與日本藝術家普遍想接觸島國外世界的欲望並無二致。

不同於土方，麿熱衷於海外演出。暗黑舞踏已經在日本孕育出數個團體，由藝名與性格皆屬奇葩的傢伙所領導。「主教」山田有次領著兩名戴項圈的全裸舞者，宛如珍犬般在地上爬行，出現在麿的工作室中。工作室裡也經常討論將舞踏傳播到全世界，像是個一直不斷茁壯的運動。一想到塗滿白米粉末的半裸日本舞者扭曲身軀來模擬死後生命，這景象將襲捲全世界，對我而言實在覺得有點荒唐。但我錯了。一九八〇年代以來，舞踏巡迴歐洲各國、美國，還有亞洲。出了日本最有名的團體可能是天兒牛大的「山海塾」，他們在超過六十個國家演出。一九八五年，有位舞者將腳踝綁在一條繩子上，吊掛在西雅圖互助人壽大樓（Mutual Life Building）的六樓。繩子突然斷裂，他也因而摔死。這當然是個非常可怕的意外，但舞者下墜時並未改變原本僵直的姿勢，彷彿在俯衝之際仍然堅持演出。這場致命演出叫做「生與死之舞」。

我開始經常造訪麿赤兒工作室的那段期間，天兒牛大是主要舞者之一。他生於一九四九年，比麿赤兒小六歲。土方生於一九二八年、三島生於一九二五年、寺山一九三五年、唐十郎則是一九四〇年。有傳言說土方曾受訓擔任神風特攻隊駕駛，但在最後一刻因為日本投降而免於送死；寺山在戰爭中失去父親，自己則差點在家鄉的空襲中喪生；唐十郎童年時期自東京大撤退，歸來時發現除了廢墟之外什麼都不剩；麿赤兒的母親在丈夫戰死後發瘋；天兒牛大在横須賀長大，這艱困的小鎮曾是日本帝國海軍的基地，一九四五年後被美國海軍占領。戰爭及其後果用各種方式在這些藝術家身上留下印記，他們在成長中不時面對了駭人的暴力或其殘骸。三島由紀夫是個身體虛弱的年輕書呆子，因為被判定不適合服役而遺憾終生。他只能在小說中搬演野蠻與英勇的幻想、充當電影演員與攝影模特兒，最終則運用血腥的戲劇效果，像武士一樣公開切腹自殺。

死亡與重生是暗黑舞踏的主題，麿赤兒為大駱駝艦所編導的作品皆以此為中心。這種舞蹈劇場的形式彷彿反映了日本從自身引發的災難餘燼中痛苦重生，舞踏不僅挑戰了拘謹的西方與日本高雅文化，也成為日本人幾代以來與暴力和死亡共存的藝術表達形式。因此，白妝下喪屍般的身軀，像是突襲轟炸後的屍體扭曲而變形，最後緩慢地重獲新生。

儘管他們的藝術充滿死亡的氣息，與麿赤兒和他的班底相處起來非常愉快。我們可以徹夜豪飲，討論關於舞蹈、文化、性與文學之種種，唯一不碰的則是毒品。在占領期間的混亂當中，很多日本人吸食俗稱「菲洛本」（hiropon）的安非他命，這為幫派分子帶來相當可觀的收入，有些搖滾樂手則吸食興奮劑。在某些地下購物中心或火車站，也常常看到年輕人萎靡地倒在牆邊從塑膠袋裡吸強力膠。然而，就算是所謂「地下」劇團咖，也很少有人使用大麻或古柯鹼。某位知名女性流行歌手有次被逮到持有大麻，被迫公開道歉，而且禁止出現在各大電視節目中。

麿赤兒堅持要我與舞者一起接受訓練。如果我想理解他們在做什麼，只當觀眾沒有用，我必須投入自己的身體。因此，儘管我的舞蹈技巧趨近於零，也跟著蠕動、扭曲與蹲坐。但麿赤兒似乎完全不以為意。他說：「技巧不是重點，我想知道你是由什麼所組成的。」他會叫我在工作室地板上站直，然後從一個個菸圈中研究我，感覺有點像手相術士在仔細端詳人的手紋。他會說：「每個身體都有個靈魂，所謂靈氣。」我覺得舞跳得很爛遠比被這樣檢視靈氣來得自在。麿赤兒吐了一口菸，只是笑著。

日本政府不補助現代藝術，所以舞踏舞者得去酒館和脫衣舞秀表演，為舞團賺些額外收入回來，這是從土方巽開始的。麿赤兒、唐十郎與他的韓裔日籍妻子李麗仙，曾經表演過「金粉秀」。除了一小塊蓋住下體、極小片的遮羞布，舞者一絲不掛，並將身體塗成金色，像是〇〇七電影《金手指》中的女孩。他們會在東京郊區菸味瀰漫的小型夜店跳舞，湯姆．瓊斯（Tom

在脫衣舞劇場換裝室的杏

Jones）或巴瑞・曼尼洛（Barry Manilow）的音樂錄音帶沙沙作響。有時再好一些的夜店則有現場樂團伴奏。

某日，麿赤兒宣布該輪到我上場了。我提出異議，直稱自己還沒準備好。麿赤兒燦笑說我只需要直直站在台上擺個姿勢，然後讓女孩繞著我跳舞即可。我的夥伴們是名為「舞蹈性愛機器」的搭檔。他們是傑出的舞者，這讓我連站著不動都覺得緊張。

我們搭火車到川崎，那裡是窮韓國人住的工業區貧民窟，破爛骯髒的街道聞起來有發酵白菜與臭水溝味。但那裡的執法比東京寬鬆，所以有許多脫衣舞酒吧和性愛秀。我們的目的地叫做「山下天堂」（Yamashita Paradise），閃爍的霓虹燈上誤拼為「Paradize」。一個燙捲髮又紋眉的年輕人領我們入內，這種樣貌在黑幫底層中不算罕見。由於這次不是金粉秀，所以不用塗成金色。「舞蹈性愛機器」中的女舞者是杏，在我和她的舞碼中，我只穿著一件小小的腥紅色遮羞布，杏則穿著閃亮的迷你銀色比基尼。她要我完全不用擔心，她是個技巧純熟的現代芭蕾舞者，同時也是舞踏表演者。她會撐起全場，我只需要在舞蹈結束時用手臂接住她即可。

舞台感覺黏黏的，有股餿掉的啤酒味與菸味。我可以聽見觀眾席內的大聲聊天，卻因彩色聚光燈照在臉上而看不到人。隨著湯姆・瓊斯唱起〈稀鬆平常〉（*It's not Unusual*），我擺出了男子漢的姿勢，有點像美國名健美教練查爾斯．阿特拉斯（Charles Atlas）在健身廣告中的英姿。杏則開始在我身邊婀娜多姿地跳舞。一切看來進行得很順利，我幾乎稍微放鬆了，我可以習慣這種表演。唉！放鬆瞬間轉為沾沾自喜。我的注意力在最不該的時機鬆懈，杏飛奔撲向我的手臂，湯姆．瓊斯正唱著最後一句（「發現我愛上你一點也不稀奇，喔～噢～噢～噢～」），我冷不防嚇了一跳，然後犯下我唯一可能犯的錯誤：讓她摔在舞台地板上。

觀眾席內沒人喝倒采，但情況比這更糟，只有一片嚇傻的靜默，我的難堪如同可怕的瘴氣一樣填滿黑暗的縫隙。我們在更衣室裡不發一語，倉促著裝後便趕回東京。我在火車上再度向杏道歉，她勉強笑了一下，此後我再也沒有在酒館裡表演。

・・・

我有超過兩年的時間至少在名義上是電影學校學生。麿赤兒與其他人都鼓勵我應該做點什麼，創造屬於我自己的作品，於是我決定是時候試著拍部短片。我的成果是《初戀》，劇本只顯示出一個年輕人看了太多羅曼情慾電影的痕跡，甚至連標題本身的反諷都沉重如大錘。

男主角是我的朋友津田，孤獨的他在大城市中晃盪，渴望得到女人的愛。某天，一個年輕女人和走在街上的他搭訕，承諾一段美好時光。於是他們一起回到他狹仄的公寓，也就是我在目白的客廳兼臥室。他深信自己總算找到女朋友了，然而她卻在完事後跟他要錢，他在一陣狂怒下殺了她。

我在日藝大電影學校的朋友金先生用十六釐米鏡頭拍攝，由石綿工作室一名叫美穗的實習舞者飾演女主角，當時我瘋狂地愛著她。美穗個子嬌小，身段靈活柔軟，那時正在學習法國文學，大多數夜晚她在銀座附近的大型舞孃俱樂部表演。滿洲國影星李香蘭，亦即日本投降後更名的山口淑子，戰時便是在此開演唱會。

這部關於疏離的病態習作會如此難堪，我無法怪罪津田、美穗或金先生。這個故事充滿了無謂的黑暗，我甚至無法宣稱這是我本人內心深處感受的真實呈現。如果故事是真的，這部電影可能還會比較有意思。它只能算是我在東京全心領受「情色、怪誕、荒謬」之下的蒼白折射。別人已經用更有才的方法表現過同樣的主題，《初戀》實在不應該給任何人看到才對。

但它還是放映了，或許這又是身為外人的特權。川喜多和子是戰時在上海的製作人川喜多長政之女，她經營一家名為「法蘭西映畫社」的電影發行公司。她經手過維斯康提（Visconti）、費里尼、文．溫德斯（Wim Wenders）、高達（Godard）的電影，同時也將大島渚的作品引介到海外。和子是業界最迷人而重要的人物之一，她也秉持著一貫的慷慨，讓我的電影在她的公司播出，大島渚、克里斯・馬克（Chris Marker）與高達的作品也曾出現在同一間放映室。

我跟和子、唐納・李奇就座看電影放映。十五分鐘後大燈亮起，一陣短暫的沉默。「那，」和子輕快地說：「我們去吃晚餐吧。」

放映會之後不久，麿赤兒決定要我參加下一次大駱駝艦的演出。或許他還記得我在酒館的遭遇，很好心地讓我不用擔任舞者避免尷尬。我們將展開短暫巡迴日本的旅程，先去名古屋，然後是京都。麿赤兒再三保證，我的角色很簡單，只要把頭貼在舞台上的窗戶模仿希特勒。這個作品名稱是《嵐》，意思是暴風雨。整場演出約莫和拉威爾（Ravel）的《波麗露》一樣長。在從頭到尾大聲播放的波麗露樂聲中，麿赤兒的明星舞者，包括天兒、杏、室伏鴻與池田卡洛塔，以舞踏表演中必不可少的儀式扭動、蜷曲、無聲尖叫。他們的身體覆著白米粉末，並塗上血紅色條痕。

元首的即興長篇絮叨沒必要排練，所以我也跟著舞者做同樣的肢體練習。儘管專業技巧沒什麼進步，至少讓我覺得比較能融入其中。拉威爾的《波麗露》不是一首能輕易從頭到尾聽完而不感到煩躁的作品，反覆聆聽可能是場折磨。然而，枯槁如死屍般的身軀，以不同的變化形式極盡全力甦醒的奇景；麿赤兒的獨舞像是輕輕搖曳的木乃伊，在白堊如同夜間生物的臉上，一雙黑眼珠嵌入其中。這些景象一點也不誇張地令人心弛神往。

我們搭乘大廂型車到名古屋。每個人心情都很好，天兒開著玩笑。想起前次巡迴的回憶，麿赤兒的悲傷面孔因笑話而變得和緩。那是個明亮的日本晴朗秋日，一切看起來如同木刻版畫般無比清晰。連通常隱身雲層後的富士山，也在金屬藍的天空下如冰淇淋甜筒聳立。其中一個男舞者誇張地背對窗戶，沒有對象地大聲說，富士山一點也不美。

富士山作為日本的象徵，如同艾菲爾鐵塔之於巴黎，其獨特的地位有右翼的影射意義。在神道的世界中，岩石、河流、自然界的其他力量都是神聖的，而富士山乃箇中之最。源自於自然崇拜的神道，包含了確保生育與豐收的等等儀式。在十九世紀末成為國家信仰時，和軍國主義、極端民族主義與天皇崇拜互相連結，直到戰後美軍占領下這類思想才被禁絕。

我不認為那位舞者之所以背對神山富士，是為了在政治上抗議國家沙文主義的歷史符碼。畢竟富士山現在已是個無害的象徵。在公共澡堂的年代，它是內部磁磚牆壁上常見的裝飾。隨著越來越多人能在自家洗澡，公共澡堂也逐漸沒落。他的姿態比較像是舞踏對於傳統美感的輕視鄙夷，真實存在於刻意的醜陋。土方巽在東北鄉村的童年時光確實給了他靈感，但他所創造出的舞碼並不歌頌大自然的光輝。他的作品散發出的強烈氣味比較像是在稻田裡賣力工作，以及在無止境冬日刺骨寒風中縮成一團的身軀。

名古屋是全日本最整齊的城市，可能也是最無聊的。如同大多數其他地方，名古屋在戰爭末期幾乎被摧毀殆盡。東京或大阪的重生就像人生一般反覆無常，名古屋則南轅北轍，是唯一一個依據周密計畫重建的城市，寬闊筆直的街道像是數學公式一樣理性。名古屋最著名的特色是發明了全日本隨處可見的柏青哥機台。柏青哥店比電影院還多，就甭提書店了。一九七〇年代，大老遠就可以聽到這些小鋼珠大量瀉落的碰撞噪音，背後同時還有震耳欲聾的軍歌──帝國海軍的《軍艦行進曲》在當時特別流行。

不過，名古屋並非全然新造而呆板。我們當時要在一間搖搖欲墜的老戲院裡表演，通常供巡迴團體使用，就像我曾在東京舊刑場附近拍攝過的那種地方，老戲院如今可能已經被拆掉了，這棟木造建築的榻榻米換得不夠勤，有股霉臭味。舞台在一樓，而我們全睡在戲院上方大房間的老舊榻榻米上。在夜間，我們也在那裡用餐唱歌，當然也要喝個爛醉。

由於地方媒體或廣播電台完全無視舞踏進城巡迴演出的消息，我們得自己宣傳，也就是在大街上開著廂型車，並且用大聲公宣傳表演。我以前常常對東京那些無所不在的宣傳車感到很煩躁，多數日本人也是，只是他們鮮少表現出來。宣傳車上是身著制服的右翼邊緣團體，大多數是地痞流氓，嘶吼著軍國標語，播放戰時軍歌。不過我倒是滿享受用這種方式對大眾宣達。聽著自己被放大的聲音迴盪在現代建築間，感覺很過癮。

我們把廂型車停在名古屋中央車站的正門口附近。天兒、卡洛塔等人跳著半裸的舞踏舞蹈，讓通勤者大吃一驚；我則是用大聲公邀請大家七點半來看我們表演。

七點十五分時，劇院擠得水泄不通，讓我覺得有點危險，這種狀況並不罕見。我曾在擠滿人、燃著保暖煤油爐，卻沒有火災逃生出口的小型木造建築裡看表演。這個高度組織化的社會裡每件事都有規則，且幾乎一體適用地恐懼著未知之事，然而對某些事情的做法卻輕率鹵莽地實在令人咋舌。彷彿一旦沒有清楚的規則，大家就覺得連常識都可以拋棄了。我一開始非常驚訝地發現，即使視線內一台車也沒有，還是沒有人會闖紅燈；但只要沒有紅燈，大家會想也不想地直接穿越重重車陣。

我們在名古屋的表演很成功。死亡與重生在波麗露樂音中強烈地重現。雖然只有在小號響起時，才會透過窗戶看到我的臉，我還是完整化了白妝，身上只有一條遮羞布。我擠眉弄眼地模仿希特勒，用假德語憤怒咒罵。麿赤兒穿著破爛不堪的紅色和服來回搖晃，全體舞者演出最後一幕。還有多條紅繩上綁著曬成褐色的魚乾，宛如血管或內臟，掉落到舞台上。

慶功宴在樓上我們睡覺的地方舉行。長桌上擺滿了一盤盤美味生魚片，由剛好是漁販的當地舞踏粉絲提供。我記憶中殘存的，只剩模糊的通紅面孔、唱著喝著笑鬧著。其中一個舞者爬上桌，緩緩地搖晃屁股；三個女性舞者順著我們的拍手節奏，即興跳了段法國康康舞。一個友善的爵士鼓手用筷子敲打啤酒杯。沒有人受傷。大約凌晨三點時我們才準備就寢。

京都的場地叫做「西部講堂」，比名古屋的老戲院更特別。它是個有傳統日式屋頂的穀倉，屋頂上還可以看見漆了獵戶座腰帶三顆星的痕跡。法蘭克．札帕（Frank Zappa）前一年在這裡表演過，並宣稱這是他所演出過最瘋狂的場地，他想必是誇大其詞了。但西部講堂的歷史的確耐人尋味：為慶祝裕仁天皇誕生，於一九三七年在京都帝國大學興建，同年日本侵華。它在一九七〇年代被激進派學生占領，此後變成搖滾樂團與劇團演出的場地。

排練之後正好是日落，火橘色的霞光熠熠輝映漆著黃星星的屋頂，塗著白米粉末與灰燼的裸身舞者圍繞棕梠樹和扁柏站立，宛如童話中的人物。我只能讚嘆地凝視此景之美，廳裡傳來微弱的波麗露樂聲，讓一切顯得更加超現實。此時，我那個身著黑皮褲、喜歡羅西音樂樂團的女友知惠子說要回宿舍。她特地從東京前來看我們表演，她覺得不太舒服。

宿舍位於一棟相當破爛的戰前大學建築物裡。當我幾小時後與知惠子碰面時，很明顯有事情讓她不開心。她不肯告訴我是什麼事。直到幾個星期後，我們在東京再次碰面，她脫口而出說，當我不在場時，有名舞者把她推倒在榻榻米上試圖非禮她。她反抗時，舞者說：「你都跟外人做了，何不跟我們隨便一個做？」

演出比在名古屋時更順利。宿舍被清空好用來開派對。天兒呈現了他親切的一面，在房間裡到處走著、倒酒、講笑話。麿赤兒笑容滿面，非常亢奮。我們圍著大圓圈而坐，互相傳遞著啤酒、威士忌與盛著清酒的小酒瓶，蒸鍋裡有燉魚。知惠子看起來沒事了。我們像是圍坐營火堆旁的學生，唱著高中時流行的老歌，歌詞我總是背不全。也有人跳舞。根據這種場合下的慣例，我被逼著貢獻些娛樂，於是唱了一首眾所週知的黑幫電影《人生劇場》的主題曲：「丟掉我們的俠義責任，世界將會變得黑暗……」

大約在凌晨一點時一切開始放緩。有一兩個人已經把身子蜷曲在棉被裡。麿赤兒邊抽菸，邊跟一位女舞者聊天，可能是杏吧。我看見天兒從房間另一側瞪著坐在我附近的年輕男舞者。天兒看起來很蒼白而且沒有笑容。就在一瞬間他抓起一個大的清酒空瓶，用盡全力朝那個年輕男舞者砸去。瓶子在他額頭上砰然碎掉，發出惡狠狠的敲擊聲，像是拿槌子敲打椰子一般。血從他的傷口噴出，濺上了我的襯衫。

我不介意電影中的暴力，但現實中的暴力總是令我震驚，我想離開。無論天兒有什麼私人恩怨，或究竟我錯過了什麼團體互動，我都不想知道。我站起身，帶著怒氣大步走進黑夜之中，知惠子忠實地尾隨在後。在秋天涼意中，沾滿鮮血的襯衫讓我覺得又冷又黏。夜星明亮閃耀，我們沿著兩側是木屋的京都老街行走，找尋落腳處。當震驚漸漸淡去，我其實頗為享受此情此景的浪漫情懷。

我們大聲地敲著竹製滑門，把一個破舊小旅社的櫃檯從床上挖起來。我不知道當她看到一個穿著染血襯衫的外國人，跟一個年輕的日本女人在一起時，會想到些什麼。不過，她奇蹟似地讓我們留下過夜。

知惠子隔天早上回東京。我回到宿舍，對於自以為是的離開感到有點膽怯。麿赤兒顯然看過這種場面很多次了，熱切地想要平息紛爭。他用英文對我說「我很抱歉」。天兒與那個男舞者之間似乎不再有敵意，後者的頭用紗布包的像纏頭巾似的。我解釋我對肢體暴力的感受，我有多麼不喜歡，諸如此類。麿赤兒點點頭，說暴力是不好的。但我表現出的神經衰弱和舞踏激烈的肉體性顯然大相徑庭。其中一名舞者很明確地表達這點，他轉向我，混雜著驚訝與某種輕蔑，說：「所以，布魯瑪，你依然相信話語的力量。」

7

東京和許多大城市一樣，其實是由許多小村莊所組成的集合。每個地方與社群都有自己的氣氛：有奢華的百貨公司與昂貴的精品店銀座；有點聲名狼藉的池袋，地痞流氓與變裝癖娼妓窩在火車站後街；時髦流行的原宿則擠滿了青少年；充滿文學氣息的神田，聞得到老派中餐廳與二手書的氣味。

到了一九七〇年代，藝術與文化重心幾乎已全部移到了隅田川西側，遠離東岸下城「下町」的舊庶民區。下町某些地方仍保留低俗的魅力，但那些在淺草觀音寺附近老舊的脫衣舞廳與滑稽表演館，已經成了汙穢的遺跡，只能吸引稀稀落落的老屁股，或想找地方打盹的流浪漢。戰前曾是現代主義燈塔的淺草歌劇院早就曲終人散。「名畫座」之流的人氣電影院，如今只放映著色情片與不斷重播的黑幫電影。在淺草仍有一個小小的韓國區，你可以在那裡買到用辣椒醃漬、裝在棕色大甕裡的泡菜。在可怕的一九二三年大地震發生之後，日本暴民在此以私刑處死韓國移民（此番愚行是由於韓國人遭指控在水源裡下毒）。西餐廳「亞利桑那」依舊營業中，偉大的文學漫遊者永井荷風每天都在那裡吃豬排當午餐，直到一九五九年去世為止。廟前一排排小舖，販售佛教紀念品、廉價和服、甜湯圓，也都還在。但是永井荷風所歌頌的下町舊時代榮光，如今只是神話般的存在了。

舞台早已移至新宿，特別集中在中央車站東出口那一帶。新宿作為一九六〇年代反主流文化的重鎮，有著自己的神話。潮男文青如麿赤兒，會在「風月堂咖啡館」鬼混（我到日本時已經歇業）。抗議的學生在前紅燈區歌舞伎町與車站之間的大街上，與鎮暴警察對峙。

唐十郎將狀況劇場的紅帳篷搭在花園神社前，緊鄰巷弄狹仄的「黃金街」（ゴールデン街）。這裡曾有多家妓院，而今則充斥著貼滿電影與戲劇海報的小酒吧。在這些無法容納超過十人的空間裡，常客都是藝術家、作家、記者、電影製作人與各式各樣的夜行動物，他們為藝術與革命爭論不休，酩酊大醉時為了只有圈內人才知道的原因大打出手。大島渚在一部生動但過時、默默向尚·惹內（Jean Genet）致敬的電影《新宿小偷日記》（『しんじゅくどろぼうにっき』，1969）中歌詠這些吉光片羽。片中拍攝了新宿傳奇之一唐十郎與他的演員在新宿車站前穿著纏腰布倒立、秀出假黑道刺青，並對著鏡頭自稱為劇場浪人。

一直到一九七〇年代，屬於那個時代的餘燼依然微微發熱，記憶猶新。還有不少人曾經親眼見證了學生的無法無天，或是一九六九年夏天唐十郎的演員在寺山修司「天井棧敷」的總部上演全武行的事。事情起因是寺山修司出於某種黑色幽默，在唐十郎新戲的首演之夜送上葬禮花圈。我待在日本的那段時間，偶爾還是有人尋釁生事，但已經沒人討論革命了。在我寫下這些文字的二〇一六年，黃金街酒吧已遭到這些老主顧遺棄，如今成為在《孤獨星球》（*Lonely Planet*）旅遊指南中大肆宣傳、年輕西方遊客的朝聖景點。

我還是會不時與寺山修司見面，造訪天井棧敷位於澀谷中央的第一個工作室——就是一九六九年被唐十郎那夥人攻擊的地方。這可能是東京最閃耀的娛樂重鎮，百貨公司、酒吧、餐廳、計時旅館、電影院交織出喧囂繁華，充滿商業娛樂的霓虹燈市集。澀谷和新宿有點像，但沒有新宿的革命光環。澀谷從來不是反主流文化的中心，然而在寺山修司這種渴望逃到大都市的小鎮男孩眼中，澀谷想必是都會天堂。

天井棧敷的第一個辦公室兼工作室仍留有一九六〇年代嬉皮風格的痕跡。建築物正面黏上一個巨大的小丑臉，此外還有塑膠義肢、各式各樣彩繪的櫥窗模特兒，以及星座圖。裡面有咖啡吧、小劇場與寺山修司會客用的小辦公室。他一向客氣有禮，甚至可說是友善，卻流露著小心提防的氣息。如同安迪．沃荷（Andy Warhol），他喜歡把怪胎與表演狂都聚在身邊，把他們當作小道具一樣用在他自己創造出來的世界中。他雖有偏執偷窺狂的色情幻想，卻是個渾身散發冷酷、專業效率與疏離氣息的人。他在自己的劇場巢穴裡獨來獨往。我們的對話通常很簡短。他會坐回皮椅中，然後說些像是「日本人內心深處全是被虐狂」這類高深莫測的話。

到了一九七〇年代晚期，澀谷逐漸磨去粗礫的一面，成為青少年文化聖地。寺山修司把他的劇團遷到更安靜也更貴的麻布區。星座圖與塑膠人偶都不見了，新辦公室光鮮亮麗，有鋁合金家具與時髦的黑牆，和他本人很搭。就像許多其他起於一九六〇年代的人事物一樣，天井棧敷成熟了，變得更加洗練而從容。寺山修司一直保留一口明顯的東北腔，但多年在大都會夢想中生活，彷彿逐漸沖淡了他出身的質樸。（位於澀谷的舊天井棧敷工作室，現在是一棟鋼骨與玻璃帷幕的花俏建築。）

相較之下，唐十郎的人馬則是南轅北轍。我記不太清楚與唐十郎初次見面的確切日期。總之，那個赤色帳篷出現在東京各處，我已經看過他的一些劇作演出。當時我仍然與麿赤兒的大駱駝艦頻繁往來。唐十郎對於離團的明星演員總是不假詞色，因為他把離開視為某種背叛。然而唐十郎與麿赤兒之間應該沒什麼私人恩怨，反正他們也沒有場合或機會見到面，更不用說花心思去看彼此的製作了。他們活在各自的世界裡，這在日本劇團之間相當普遍。他們運作的方式有點像是黑幫或氏族，有時相互衝撞，但更常固守地盤，佯裝自己一點都不在乎別人在幹嘛。

我還記得是在某個星期天午後進入唐十郎的世界。可能是在李查爾・典・卡特的慫恿下，某天我打電話給他。李查爾應該是要我聯絡唐十郎，然後評估到密克里劇院巡演的可能性。

唐十郎隨即邀請我到他家，妻子李麗仙和兒子大鶴義丹與他同住。李麗仙是個強悍的韓裔日本美人，有著低沉沙啞的嗓音與熱帶魚般的豐唇，她是唐十郎劇作中永遠的女主角。他們自學生時代相遇起，就持續共同演出。唐十郎的製作很少有別的女性角色，據聞李麗仙並不歡迎潛在勁敵，流言蜚語也意味她有充分理由戒慎恐懼。他們舒適的獨棟房屋位於西邊郊區，遠離新宿或涉谷塵囂，二樓則有個工作室。

唐十郎、李麗仙與一些資深演員，坐在工作室一側的平埜上。我認出高個子、短捲髮、眼神悲傷的小林薰。他跟我同年，通常擔綱一九六〇年代時麿赤兒會扮演的角色：看似怪異、不祥、有點強迫症的人設。朋友都直呼其名「薰」。根津甚八反而黝黑而靈活，有點近視，有種老派的英俊，大家總喊他的姓「根津」。被唐十郎稱為「東京詹姆斯・迪恩」的根津，總是擔任浪漫的主角，鍥而不捨地追尋鬼魅般的女人，或失散多年的手足，兩者均由大他五六歲的李麗仙所飾演。唐十郎本人則扮演心神不寧的怪胎，往往受到惡角算計而淪為犧牲品。

唐十郎悄聲示意我抓個墊子坐他旁邊。房間聞起來只有木頭與汗水味。幾位演員正在排演他某齣短劇裡的場景，幾個男人身穿日本皇軍的破制服，一個穿著白色內衣的年輕女人失聲尖叫，但顯然不是李麗仙。其他部分的記憶不甚可靠；我很有可能把某些意象和唐十郎的其他劇作搞混了，但幾個男人應該突然起了衝突。我記得聽見大量吼叫、盛怒之下而扭曲的

在狀況劇場工作室裡排練

臉龐、因為恐懼或驚嘆而瞪大的雙眼。雙關語與其他文字遊戲就這樣以飛快的速度流瀉而出。牛奶瓶中血紅色的水，翻倒在其中一人頭上。一個身著白外套、戴著墨鏡的盲人角色敲打拐杖，隨錄放音機中甜膩的薩克斯風樂聲，唱著熱門電影中的歌曲。突然之間，打個沒完的軍人轉變成合音天使，像歌舞秀舞者一樣手舞足蹈。

我跟不上這些台詞，就甭提劇情了。說這般演出太超過，可能還過於含蓄。在用啤酒箱與磨損窗簾搭建的臨時舞台上，狀況混亂得跟瘋人院沒什麼兩樣。然而，貌似混亂無序的演出，其實是經過縝密規劃的風格化行動。演員像舞者一樣運用身體，每種情緒都用誇大的肢體方式來表現。我所看到的一點也不傳統，卻像是用一種全然現代的方式重新發明了歌舞伎。（一九六〇年代唐十郎劇團的巨星是個名叫四谷西蒙的美男子，擅演迷人的女性角色。當時我還沒到東京。西蒙日後專門製作陰森的夢幻赤裸少女人偶，變得更加出名。）

儘管舞台上一片混亂，我無法將視線從唐十郎身上移開。他的嘴巴無聲地重複每一個字，偶爾對於自己機智風趣的台詞露出微笑，小小的黑眼睛火光四射，整個人完全沉浸在演出中。唐十郎身上沒有一絲冷酷或疏離感。他彷彿有火山般的能量，很吸引人卻也有點令人害怕。他身型矮壯，像個結實的農民，有著堪稱日本奧森・威爾斯（Orson Welles）的溫和娃娃臉。這張臉上甜美與殘酷並存，像來自一個具有想像力過人的孩童。

排演結束後，我們下樓，他問我覺得如何。那是個冷颼颼的午後，我們坐在榻榻米上，把腳放在覆蓋了電毯的暖桌下。房內擠滿了劇團成員。唐十郎用下巴指了指某個菜鳥演員，叫他開一瓶威士忌。即使我初來乍到，階級也一清二楚。唐十郎說話時，每個人都認真聽講。有時候小林薰、根津甚八或另一個資深成員會開始講古。菜鳥演員只是微笑，點頭表示贊同。他們主要的任務是時時斟滿我們的酒杯，或在親暱的笑話中被當作笑柄。我覺得自己身在一個關係緊密交織的家庭中，還有個男性大家長。當然，也是有女性家長的——李麗仙並不怯於發表意見。就我所見，雖然演員不住在這棟屋子裡，但這裡有種共同生活的氣氛。

日本人使用英文字「濕」，來表達黏膩的人際關係，亦即集體生活中對彼此負有義務與相互依賴。傳統的日式家庭關係很「濕」。黑幫很「濕」。疏離與個人主義、通常與西方生活方式相關的行為，則是「乾」的。寺山修司很「乾」，唐十郎想當然耳很「濕」。

「濕」在唐十郎的風格中可不只是比喻。他不只常在舞台上使用水——從屋椽如瀑布般傾瀉而下的豐沛水流、從水桶中或真正的河流或運河中現身的演員——海洋、池塘、沼澤的意象也一再出現在他的文字中。狀況劇場的演員彼此間有大量的肢體接觸，他們尖叫、打架、哭泣，這與天井棧敷非常不同。即使天井棧敷的街頭劇場有時會引發暴力衝突，寺山修司也運用演員的個人怪癖，但絕大多數是用來具現他想像中的人體棋子。這使得他的演員在視覺上看起來雖然有趣，但與其說他們一起演戲，還不如說他們是在擺姿勢或獨白，像是沉浸於自己夢中的角色。

我一向是個外人，難以全然對任何一種家庭、團體或小圈圈給出承諾，理論上我應該對於寺山修司的世界感到自在，而非唐十郎。但事實卻非如此，我立刻受到唐十郎與他的劇團吸引。天井棧敷的冰冷調性與寺山修司性變態似的色情幻想世界曾經鼓舞我來到東京。但在日本待了將近三年後，這些已不再像從前那樣滿足我了。我現在渴求的是唐十郎那更為濡濕世界中的熱度。

我一定有提到過李查爾・典・卡特希望把狀況劇場帶到阿姆斯特丹。唐十郎感謝我轉達這個邀請，但他毫無興趣。為什麼他們要去西方？前幾年他們在首爾、孟加拉、敘利亞、黎巴嫩的巴勒斯坦難民營巡迴演出，他告訴我好些精彩故事。演員在幾個月之內硬是把韓語、孟加拉語、阿拉伯語的台詞塞進他們的腦袋裡，學著用這些外語演出。我有點放肆地質疑，在達卡或貝魯特的觀眾到底能了解多少？「噢，大約四成吧。」唐十郎回答，他的臉因忍俊不禁而皺了起來。

在喝完第二瓶威士忌之後，唐十郎吩咐其中一個菜鳥演員去弄些零食，從廚房裡拿出一碟碟醬菜與魷魚乾。根津甚八回憶起巴勒斯坦難民營中的一個事件。他們演出大幅改編的

《風之又三郎》，這也是我幾年前在日本看的第一齣戲。在難民營演出時，劇中的反派打扮成以色列獨眼將軍摩西・達揚（Moshe Dayan）的模樣，日本特務局被改成以色列摩薩德（the Mossad），巴勒斯坦游擊隊則上台擔任臨演。孩童對著打扮成達揚將軍的演員丟石頭。唐十郎回想起這個奇特場景時瞪大了眼睛，他說，巴勒斯坦人像我們一樣是浪人。他驚恐地看著我並低聲道：「而且有些人開始拿AK步槍射擊。我們很擔心會暴動！」每個人都放聲大笑。

我想知道是什麼風把唐十郎吹向中東。在首爾演出的理由不難理解，因為他太太的關係，他覺得和韓國人是親戚。深夜在家喝酒時，他經常會用收音機播放感傷的韓國歌謠，然後用手背拭去眼中淚水。在日本，會想到去巴勒斯坦可能與亞細亞主義的遺緒有關。亞細亞主義曾是戰時宣傳的主要部分，在一九六〇與七〇年代縈繞於日本左翼的心中，浪漫地信奉非西方人民對抗「美國帝國主義」的鬥爭。唐十郎的朋友與日本赤軍有所往來。其中一位名叫足立正生的電影製作人，當時正在貝魯特流亡。他的電影混合著革命態度與暴力色情，奇特怪異卻也相當典型，唐十郎曾在其中演出。其中一部由足立正生編劇、另一位激進導演若松孝二執導，唐十郎在這部令人難忘的電影中，飾演在醫院病房虐殺數名護士的連續殺人犯。足立正生為巴勒斯坦人引介了唐十郎。

唐十郎對於巴勒斯坦衝突的觀點完全基於一股情緒，和聽到韓國情歌會哭一樣。無論他的戲內容為何，都不能簡化成政治煽動。在敘利亞與黎巴嫩，他的戲以「殺了猶太復國運動分子！」的喊叫作結，這在日本是難以想像的。他對政治煽動與宣傳無感，唐十郎喜歡用黑色幽默與徹底推翻邏輯來挑釁，但我認為他將真實生活中的戲劇可能性視作常民起義。藉由模仿摩西・達揚而使巴勒斯坦人陷入狂熱之中，只是他欣賞的某種效果。「情境！」他往往會大喊，「一切都是情境！」唐十郎的學生論文寫的是法國哲學家沙特（Jean-Paul Satre），反帝國主義的沙特在日本左翼眼中是英雄。我認為，唐十郎的意思是他想要將挑釁的劇場與生活實況劇兜在一塊，讓火花四濺。如果觀眾混淆兩者的區別，那就更妙了。

我必須承認在初次拜訪唐十郎家的那個冬夜裡，這些事情我都沒有想透。當他說自己在巴勒斯坦難民營拿ＡＫ步槍射擊時，我覺得好笑。每個人唱著他劇作裡的歌、像是西班牙人跳佛朗明哥舞時那樣跟著節奏拍手，這些都非常好玩。唐十郎唱著他一九六七年的劇作《阿里巴巴》的同名歌曲，狂飲三得利威士忌而頭昏腦脹的我，也跟著其他人一起拍手。我記得這首歌出現在大島渚的電影《新宿小偷日記》中。唐十郎對於身為外國人的我居然知道這首歌，感到印象深刻。演員開玩笑說我肯定是個「間諜」。我很開心能參與這個溫暖的濡濕世界。與其說是窺看的間諜，我覺得這更像是另一次浸淫的開始。

我自覺得到唐十郎與演員的歡迎，於是開始經常與他們廝混。我們新年就在他家喝得酩酊大醉，我也會參加工作室裡的排練。而且我也成為跟班，陪他造訪新宿黃金街中他的私房酒吧。李麗仙從來不會參加這類出遊，這是男性限定的活動。唐十郎是「親方」，字面上是父親的意思，而這個字也常用來指稱黑幫老大。我們是他的「子方」，也就是他的小孩、他的黑幫小弟。當他走進最喜歡的小窩時，有種趾高氣昂的態度。跟著他，我覺得有奇特的愉悅感，可能是歸屬感，甚至是狐假虎威的權力。

我們總是造訪同一間名為「前田」的小酒吧，光顧的客人大多是劇場咖；電影咖會去另一間酒吧，以克里斯・馬克拍攝的邪典電影《堤》（*La Jetée*）為名，據聞該店老闆娘與導演有一腿；作家與記者則是去別的地方。陌生人鮮少不請自來地走進黃金街裡的酒吧，這裡的勢力範圍很清楚。飲料首選則是稱作「水割」的威士忌兌水，盛放在刻有常客姓名的私人酒瓶裡。

唐十郎在前田發生了不少有名的風波。比如他揍了當時剛得到重要文學獎的小說家野坂昭如，這次鬥毆常被拿出來說嘴。起因是向來謙沖有禮的野坂昭如，在太多杯黃湯下肚之後，奚落唐十郎從未得獎。這番話激起了唐十郎體內的黑幫老大魂，就像是收到寺山修司的葬禮花圈時那樣。我在其他場合看過這種情況，他的娃娃臉因憤怒而脹紅，然後一陣拳如雨下。

作為唐十郎的跟班，我可說是妾身未明。我顯然不是演員，作為藝術家或知識分子也沒什麼重要成就。當時，為了貼補獎學金，我擔任《日本時報》（*Japan Times*）的影評與自由譯者，並且擔任來日本拍攝年度報告的「馬格蘭通訊社」攝影師的臨時助理。在唐十郎眼中，我主要的優點在於：少有外國人對日本電影與當代劇場感興趣，更不用說對他本人感興趣了。我們的對話中，經常出現的主題是誰有沒有才華這檔事，對他而言這非常重要。一個無才的人沒有半點意思；你可以是個混蛋，但必須要有才華。唐十郎可能看出我有些可能性，但就算我真的有，也還不太清楚是什麼。約翰．史勒辛格是我舅舅這件事，可能也算某種優點，畢竟他非常喜歡《午夜牛郎》（*Midnight Cowboy*）這部片。

有天晚上，我在前田看到作曲家武滿徹。他坐在角落啜飲著他那杯「水割」，小窗外壞掉的霓虹燈閃熾，映照在他小鳥般的身形上。雖然他是那個年代最重要的作曲家，但是本人非常害羞。幾杯黃湯下肚後，他喜歡唱法蘭克．辛納區的歌。唐十郎與武滿徹不太交談。唐十郎說了些關於歌唱才華的事，隨即聽到武滿徹宏亮的甜美男中音響徹酒吧，他唱的是〈帶我飛向月球〉（Fly Me to the Moon），小個頭的他能發出那聲量真是出人意表。

唐十郎那個年代的日本藝術家，對於西方文化（尤其是美國）的心情很複雜。憎恨、欣羨與鍾愛，全都愛恨交織。我相信唐十郎的亞細亞主義情懷與他的外人情結有關。如同武滿徹、大島渚、寺山修司，他經歷了被更富裕、整體而言身形更魁梧、權力也更大的白人占領的國族羞辱。日本男人對此特別敏感，他們的男子氣概被侵犯了。

那個被唐十郎在前田酒吧痛毆的小說家野坂昭如，在出色的短篇小說《美國羊栖菜》（『アメリカひじき』）中，將這點描寫的淋漓盡致。主角是個成長於戰爭時期、名叫俊夫的年輕人，他的老師告訴他西方人身心都遠遜於強健的大和民族。然而，當他發現事實不盡如此時深感震驚。占領正式結束的數年之後，俊夫懷著敬畏與苦澀交雜的心情，記得美國大兵「像圓木一樣粗的臂膀」，以及「包裹在閃亮軍褲裡的男子漢屁股……啊，難怪日本輸掉了戰爭」。

某天，俊夫要招待一個來訪東京的中年美國商人。這個名叫希金斯的訪客，很喜歡回憶他在占領期間當兵的時光。他們去了活春宮秀，日本「第一棒」在那裡炫耀他的本領。唉，日本「第一棒」當晚停機，力有未殆。戰後早些年所受盡的羞辱像滔滔洪水般席捲而來，俊夫與他自鳴得意的白人客人見證了日本雄風頹靡不振。

武滿徹演唱〈帶我飛向月球〉的那個晚上，當我們面對「水割」坐在吧台前，唐十郎問我喜歡哪個西方劇作家。這也是我們談話中常見的主題：某某藝術家相對的優劣。這是種用共同分享愛好事物來建立關係的方式。無論是否有外人情結作祟，他的品味從不偏狹粗鄙。我提到幾個名字，接著出乎我意料，他說：「你知道我喜歡誰嗎？田納西・威廉斯（Tennessee Williams），他實在很不錯，對吧？」坐在吧台前的其他演員無聲點頭。

我實在無法把田納西・威廉斯溫情的美國南方哥德式感性，與唐十郎粗礪刺耳的超現實主義聯想在一起。《玻璃動物園》（*The Glass Menagerie*）看似與《風之又三郎》風馬牛不相及。我試著理解為什麼羞怯膽小的蘿拉所坐擁擺滿玻璃小動物的私密夢境世界，會吸引大打群架的新歌舞伎創作者。直到很久以後，我才理解這之間確有關聯。唐十郎也有個私密的夢境世界，充斥著殘酷與溫柔，而這兩者幾乎是他所有作品的基礎。如同田納西．威廉斯，甚至是寺山修司，他童年時期的回憶形塑了這個基礎。

唐十郎出生在東京下町的中心。戰前，他全家遷居至下谷萬年町的木造排屋，這個社區位於上野與淺草之間，離紅燈區吉原與酒鬼常出沒的山谷不遠。萬年町曾是東京最惡名昭彰的貧民窟，在江戶時代就以拾荒者、皮條客、挖溝者、卑劣賭徒與馬戲團團員的巢穴出名。唐十郎的家庭事實上比較接近中產階級，但他祖父把家產揮霍殆盡，因此他們只好移居到這個悲慘貧困的地區。為了躲避戰時空襲，有一整年他被疏散到鄉下地方。當他在一九四五年回來時，下町大部分地方都被摧毀了，但出乎意料地他們的家屋倖免於難。那年他五歲。唐十郎經常會回想起在瓦礫堆中玩耍的快樂，甚至可以一清二楚地看到富士山。他也很喜歡訴說那些街頭故事：變裝癖性工作者住在公廁裡，為了爭地盤而彼此拿刀相向；或是潘潘女，擅長誘惑美國大兵在廢墟中來場速食性愛。他記得出沒在街上的黑幫分子，以及豆腐店家的女兒，在啃噬死產嬰兒屍骨後上吊自殺。他回想起赤貧的退伍軍人，靠著在街上賣熱食，想方設法地熬了過來。他母親會帶他去淺草偷工減料的戲院，在那兒他看到了廣受歡迎的每日喜劇演員，且夢想著有一天可以成為《三劍客》中的一員或基度山伯爵。

唐十郎自稱是安靜的書呆子，在學校時成績很好，但他成長的地方永久形塑了那些令人毛骨悚然的幻想。無論他運用了多少希臘神話或日本童話故事，在各處添加法國存在主義，並摻雜通俗文化和新聞時事，那些他在戰後的下谷萬年町所觀察到的精彩人物，總像是陰魂不散的鬼魅一般，反覆出現在他的劇作中。這是他《玻璃動物園》裡的物件，隨他在每一齣新作中重新擺放。

等我到了東京，唐十郎童年時所認識的世界想當然早已消失許久。下町在相當程度上已然清理過。萬年町那些奇蹟般倖免於難的木屋，如今看來並不窮酸，反而有種不合時宜的復古味，唐十郎顯然不對此感到懷舊。我時常聽到他哀嘆自己生在東京，而不是像寺山修司或土方巽一樣生在東北鄉下。他經常覺得東京文化虛假失根。他的「底層懷舊」對象是更泥濘陰森的鄉土日本，或是亞洲和中東更窮更黑暗的地方，比方說韓國或巴勒斯坦。與繁榮興旺的日本相比，那些地方為了生死大事所做的掙扎鬥爭看來比較真實，至少比較戲劇化。

或許只是出於某種神祕召喚，但我和其他在日本的外國人一樣，深受下町吸引，時常幻想要搬到那裡住。上野、淺草或下谷的人看起來比上城的布爾喬亞住民更為實在。我喜歡他們日常生活中的傳統氣息、對熱鬧神道祭的擁護、慧黠促狹的幽默感，以及他們文化中常見的「濡濕」。

唐十郎不以為然地認為我對下町的渴望只是不理智的浪漫鬼話。那裡已經沒有什麼有趣事物，整個東京已經完全中產階級化，他如是說。他徹底蔑視某些懷舊知識分子所歌詠的傳統常民文化，諸如穿和服的脫口秀演員所說的老掉牙順口溜，或是益發鄙俗的歌舞伎劇院。他無法理解我在這些東西中看到什麼，無庸置疑這一定與我身為外國人有關。

關於這點，他可能是對的。不過我還真的被捲入下町文化中一個奇怪的黑暗角落，事情起於我的另一個身分：攝影師。

就在我認識唐十郎不久後的某一天，唐納．李奇打電話給我。長久以來他對傳統日本刺青深感興趣，於是他有個提議。李奇著迷的那種刺青，是從肩膀覆蓋到膝蓋、幾乎可說是身體大半，有時甚至到腳踝的刺青（雖然真正的行家會認為刺到腳踝很俗氣）。在日本，這些身體刺青以神話英雄、櫻花、楓葉、瀑布以及可畏的守護神為主題，至臻至美。不過在「有頭有臉」的人看來仍然可恥而丟臉。紋身男女不能進入多數的公共澡堂或泳池。外行人稱刺青為「入墨」，內行人則稱之為「彫物」，一般會讓人聯想到黑幫分子。

的確，大多數黑幫成員會全身刺青，而歷史上最早的刺青也的確是刑罰的烙印。數百年前在某些地區，罪犯的額頭上會烙印「狗」的示意文字。操持著與死亡有關、儀式上不潔工作的賤民，也經常有烙印。但到了十九世紀晚期，這些羞恥的印記轉化成高級藝術，許多偉大的木版畫藝術家用各種色度不同的藍色、紅色與綠色，為身體刺青設計，其中也包括了葛飾北齋與喜多川歌麿。

除了黑道之外，刺青在硬漢之間變得很流行，主要是以男子氣概為榮的職業：消防隊員、建築工人、轎夫等等。最受歡迎的花色主題來自十四世紀的中國小說《水滸傳》。這部關於一群傳奇草莽英雄的小說，在十八世紀的日本大獲迴響。日本硬漢喜歡在背部刺上史進的刺青。日語發音近似「史信」（ししん）的史進，是一個背上有精巧的九條龍刺青的土匪，因此他也以「九紋龍史進」行走江湖。

唐納．李奇提議要做一本關於傳統刺青的大開本精裝畫冊。他屬意的刺青師是傑出的初代彫文之子，名叫二代目彫文。唐納．李奇之前找過他，但不知為何他們並不投緣，我不了解箇中緣由。我願意試著聯絡看看嗎？我的日文能力肯定有所助益。如果我表現出足夠的敬意，二代目彫文這次可能會答應拍攝。我當然對這個主意有興趣。彫文的獨到之處，正是因為他仍然徒手而不是用電動針執行技藝，完全按照十八世紀時傳下來的手法。他在下町中一個名叫「御徒町」的地方工作與生活，那裡離唐十郎長大的地方不遠。

我帶著昂貴的米果作為伴手禮去拜訪二代目彫文。他的屋子座落在一整排木造小屋的窄巷裡。一九四五年，燃燒彈想必夷平了整個區域，但街道的格局幾世紀以來大致相同。街角有家豆腐店；街道稍遠處戴著白色大頭巾的男人正忙著製作榻榻米；洗好的衣物在兩層樓的屋頂隨風飄動；催淚的日本演歌從某處的收音機裡流瀉而出；三姑六婆正用東京腔講著八卦；穿木屐的老人在照顧他的盆栽；大概沒有比這裡更下町的地方了。

我們第一次會面時，彫文寡言少語，以一種看似冷淡的態度表達友好和善。我們在樓下的房間裡啜飲綠茶。他是個脖子有圈肥油的大隻佬，穿著白色薄衫，綁上厚羊毛腰帶。我可以看到領子上沾著像瘀青的藍色，以及沿著他左手臂生長的花朵。他要我下星期再回來，到時他會幫一個屋頂工人刺青。屋頂工人來自東京南邊的熱海，是濱海度假勝地。

彫文的二樓工作室窒悶難耐。來自熱海的男人臉朝下趴在毛毯上，一頭短髮的他，穿著白色纏腰布。刺青師坐在他身上，看起來就像把他扳倒在地一樣。刺青師像拿香菸一樣把毛筆夾在左手的食指與中指之間，這樣他可以在把針刺進屋頂工人的皮膚前，先把細針束染色。我可以看見用奇異筆描繪的某個水滸英雄輪廓。緊束在一起的針快速進出皮膚時，發出像是刮魚鱗時的沙沙聲。彫文不時會拿條漂亮的彩色手帕擦拭血跡。男客人話不多，偶爾會因為

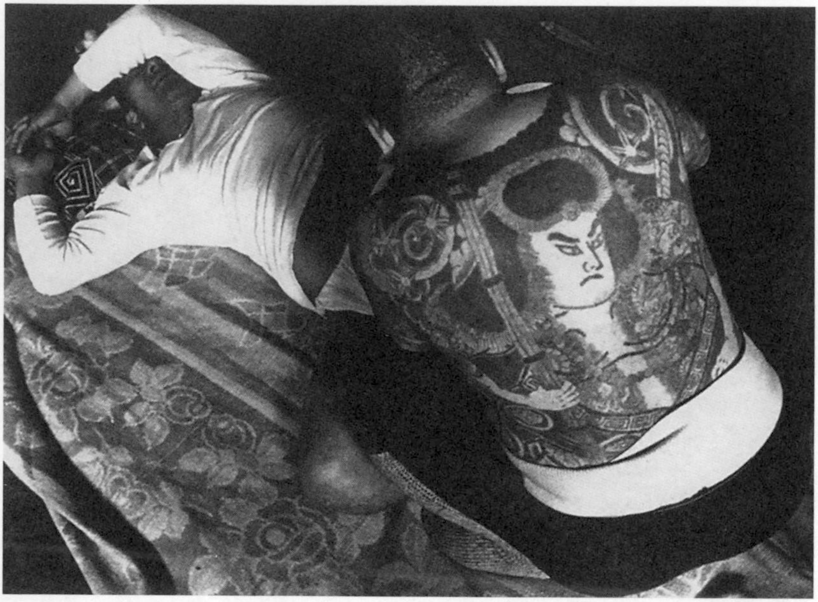

背上有人稱「九紋龍」史信刺青的二代目彫文

疼痛而皺眉，但克制著不表現出來。刺青師持續工作著、浸色、搔刮、擦拭，他指出最痛的地方在腋下或乳頭周遭，那裡是神經最接近表皮之處。當然還有更痛的點，據聞有個男人在龜頭刺了個形狀跟色澤都像是茄子的刺青。但這種特殊的手法，只有在痛苦能提供激烈愉悅的情況下才行得通，我倒是從來沒有見識過。

彫文脫下白內衣，整片背上是光彩奪目的「九紋龍史進」刺青。我沒稱呼他「彫文」、或是「彫文先生」。傳統手藝人的世界就像是黑幫或戲班子一樣階級分明，命名的原則極為慎重。他是這一行的「親方」、首領或大家長。

當時我沒意識到，但顯然初代彫文還在世，只是病入膏肓。我從沒見過他活著的樣子，但還是參加了他的葬禮以表達我的敬意。「親方」屋外的街上，穿著黑西裝的男人肅穆列隊。有些人理著平頭與戴墨鏡，這種裝扮頗受黑幫分子青睞。贈送人的名字以優雅的黑色文字寫在白色大花圈上。內堂裡盡是從大量白罐中飄散出來的焚香氣味，強烈逼人到難以忍受。在白花環繞、精緻華美的佛壇中央，是面容嚴厲的大師黑白照。佛壇前方是靈柩，裡面躺著前日由家人淨身的初代彫文。他身穿白色和服，刺青器具就在手邊：不同墨色的罐子、裝著一大排針的漆木盒子，有些針比其他長，整齊區分為紅色、藍色與綠色。老人蠟白的臉在和服領子之上；你只能看到他身體刺青的頂部，呈現褪色牛仔褲的顏色。

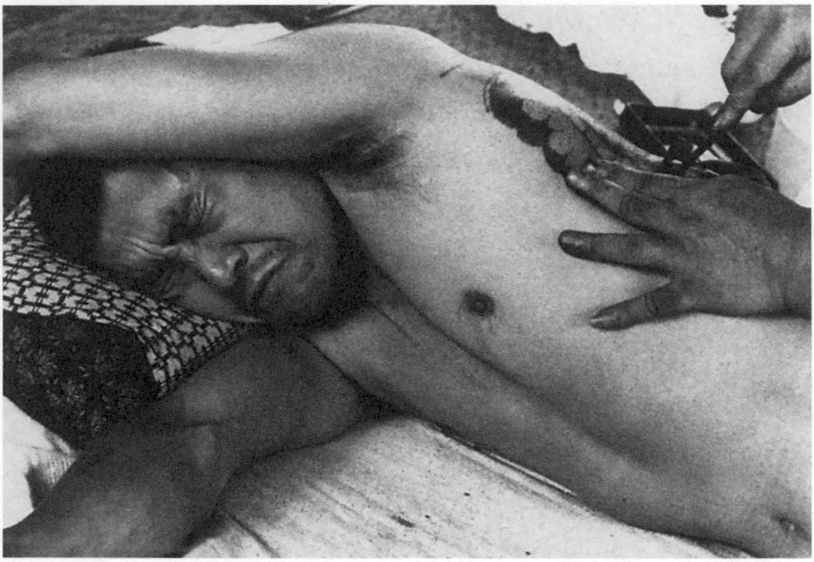

刺青中的男人

「親方」是個少言寡語的男人，我跟他熟不起來，但他容許我在工作室裡，看他用很多個月的時間，逐漸以優雅的英雄形象裝飾顧客身體。我全程參與這位來自熱海的屋頂工人的刺青過程。還有其他人：壽司師傅、木匠、建築工人，以及一兩個竊笑著自稱生意人、但看起來面露兇相的人物。

我問他們為什麼想刺青？為什麼想一輩子烙印著這些有損社會名望而且還擺脫不掉的藝術作品？最常見的答案是出於對傳統的熱愛，這些都是保守的男人。但還有些與之相關的其他原因一言難盡。最明顯的時刻，是當我們出遊造訪名勝景點，男人會成群地站在冰冷的瀑布之下、神社之前或面向大海的岩石上擺出姿勢。如同摩托車俱樂部，刺青代表共享的認同與歸屬感。黑幫喜歡自我呈現為緊密交織的家庭，並由詳盡的忠誠規矩所拘束。這些話術大多是為了洗白犯罪行為的一派胡言。然而，黑幫生活的「濡濕」對於沒有其他束縛的人而言，確有其吸引力。即便是與黑幫無關的刺青男人，都會覺得與那些和他們有共同品味的人有所連結，精確地來說，正因為社會的罵名才賦予了他們特別待遇。

這種家庭式情感甚至延伸到妻子身上。我拍攝的一個名叫「武」的建築工人，告訴我他堅持要他太太也全身刺青。據他所言，她有一身盤旋直到大腿的青龍。哎，可是啊，他帶點悲傷地說，意料之外的剖腹產毀了整個圖樣，現在那條龍看起來分岔成兩個頭了。

我喜歡「親方」與來刺青的男人。他們既熱情，也非常溫和。但無疑地我仍然處在他們的世界之外。彫文好心地要幫我在手臂或背上刺青，我們考慮了幾個圖樣：守護旅行者的地藏王菩薩，奇特的是祂同時也是嬰靈守護者；與鯉魚大戰的小英雄金太郎；或者優雅的櫻花就好。但我仍愚蠢地拒絕了，我想我可能擔心刺青不可逆的本質；如果我厭倦了地藏王、金太郎或櫻花，那該怎麼辦？

現在我還為此感到遺憾，而我終究也沒搬到下町。我不像唐納・李奇，他在上野住了超過三十年，直到二〇一三年過世的那一天，他的住處可以俯瞰我初到東京時觀賞唐十郎的狀況劇場演出《風之又三郎》的蓮花池。我再度徘徊在一個獨特世界的邊緣，還是甘做陌生人。

8

我不記得為甚麼要選《童女的面具》(『少女仮面』)來翻譯。這是唐十郎早期的劇本，風格其實不太像他的其他作品。他在一九六九年為鈴木忠志的「早稻田小劇場」寫下這齣戲，先前提過該劇團是密克里劇院的常客。

我之前從來沒有翻譯過劇本，僅有的寫作經驗是為《日本時報》撰寫電影評論。當時我仍將自己定位為攝影師與未來的電影製作人。現在回想起來，我認為翻譯唐十郎的劇作讓我更接近他及其令我醉心的世界。其實《童女的面具》是個好選擇，它是唐十郎最富感染力與條理最清晰的劇作。一如他所有的作品，他把日本歷史、社會諷刺與經典故事，用無與倫比的方式重塑揉和成超現實原創。

劇本主角是真實存在的人物，名叫春日野八千代，生於一九一五年。她是「寶塚劇團」多年來的當家花旦，該劇團全由女性組成。她擅長演出浪漫的男性角色，其中最有名的是扮演小說《咆哮山莊》裡的男主角希斯克利夫，因而受到無數日本少女的崇拜。她飾演的哈姆雷特王子也大獲迴響。她的藝名春日野，字面上的意思是永遠繁花盛開之春。她短髮、瀟灑且未婚，

寶塚

「永遠繁花盛開之春」也被稱為「永恆的童女」，至少在唐十郎的劇作裡是這麼稱呼的。她最後幾場在寶塚舞台上的表演是在歌舞劇中獨挑大樑，劇碼就叫做《清純、正直、美麗》（『清く正しく美しく』），以寶塚著名的座右銘為名。春日野當時已經九十一歲了，五年之後她因肺炎病逝。她盛年時看起來有點像美國鋼琴家利伯拉契（Liberace），只是再更陽剛一點。

在日本，「寶塚歌劇團」是青春偶像團體。少女整夜排隊但求一票，明星現身時她們在狂喜中尖叫、甚至昏厥。雌雄莫辨的氣質是吸引力的主要來源。這個羅曼史之夢不會受到任何性的威脅。（在日本，的確流傳著拉子宰制整個劇團的黑暗故事，但這些通常不會傳到年輕粉絲的耳中。）我一度對這個女扮男裝的現象很感興趣，甚至去了劇團在一九一四年發跡之處：寶塚市。這裡以前只是鄰近大阪的溫泉勝地，如今是寶塚崇拜者的朝聖地。朝聖者跨過一座粉紅色的橋，經過名為「幻影」的建築物，就能抵達粉紅色大劇場，舞台上上演著他們的夢。

戰爭期間，「清純、正直、美麗」的劇團也受到軍事宣傳的動員，歌頌亞洲各國間的兄弟情或日本榴彈砲的優越性能。照片中可見「寶塚女孩」扮成帝國海軍軍官，在布置成驅逐艦火砲甲板的舞台上跳舞。春日野當時大多在日本的傀儡政權滿洲國演出，然而這一切在戰後很快就船過水無痕，化成一陣名為希斯克利夫、白瑞德、以及帥氣奧地利貴族的粉紅色煙霧。

在唐十郎的劇本中，《永恆的童女》在戰後留在滿州，住在一間名為「肉體」（にくたい）

的地下咖啡館。春日野再也不確定自己是否真的是希斯克利夫，有時還會將「肉體咖啡館」誤認為約克郡的荒原。她是住在黑暗裡的鬼魂，尋找自己的身體，像是劇場吸血鬼試著從年輕肉體中索求生命力。「凱」提供了血肉之軀，她是一個受寶塚崇拜束縛的年輕女孩，她飾演凱薩琳，而春日野飾演希斯克利夫。他們將在春日野的墓中結合。兩人在浴缸上方跳著寶塚風格的舞，裡頭盛滿了由一千個童女眼中淬出的鹹淚水；一個商人還記得在戰爭蹂躪的東京中，陷入火海的渴，突然出現討水喝；滿洲國情報頭子從春日野陰暗的過往中現身。在最後一幕，凱／凱薩琳戴著有春日野容貌的面具。「你看！」凱大叫道：「我們找到你的臉了！」春日野連看一眼都無法承受：「我不要我的臉，我什麼都不是！」

這齣戲有多條故事線交織：遺忘戰時的過往、思春期幻夢的詭譎、公開演出時身分的混淆，但最重要的還是關於肉體。唐十郎不只一次告訴我，他把表演視為一種被虐的形式。不同於寺山修司，唐十郎不是要說日本人都是被虐狂。這不是社會學式的觀點，認為日本人有屈從更高權威的欲望。在他的劇場概念中，向觀眾展示身體的演員，在傳統上被認定為低賤的職業。唐十郎一方面想勾起這樣的想像；另一方面，舞台上演員的身體也賦予他們特殊的靈光，唐十郎稱之為「肉體的特權」，唐十郎的導師土方巽在一九六八年創作的舞碼，便稱為《肉體的叛亂》（『肉体の叛乱』）。

凡此種種都增添了翻譯唐十郎劇作的困難。即使是用日文，文本也需要透過演員的肢體才能鮮活呈現。當然無論用哪種語言，對大多數的劇本而言都是如此。但《童女的面具》另一個困難也來自文化背景的問題。若對寶塚、春日野或滿洲特務頭子甘粕正彥上尉一無所知，許多笑點就毫無感染力，或者根本失去意義。唐十郎古怪的幽默也有賴巧妙的雙關語，用日語講行得通，但很難翻得出來。

毫無疑問，由於我生嫩的翻譯，找不到一家出版社願意出版我譯的《童女的面具》。但我還是很高興自己做了這件事，唐十郎的劇場對我而言不再只是光彩奪目、令人困惑的奇景。我覺得把自己浸淫在文本之後，比較能了解他了。

而唐十郎看起來也很開心，至少是饒富興味。即便他有亞細亞主義的情懷，在西方成名或許對他來說還是有點吸引力。愛恨交織誠然標記了唐十郎的世代，也往往引起他們對亞洲的複雜情緒，這使得在西方受肯定變得更加重要。

儘管《童女的面具》躺在我的抽屜深處積灰塵，我的地位有些微妙的改變。我不再只是一個好奇的外國人、學電影的學生或「間諜」，我是唐十郎的譯者。但這個基於在兩種語言中往復的新地位，也是有些曖昧不明的。唐十郎與他太太李麗仙總會跟我說，沒天分的人才會使用外語，真正有天分的人會固守自己的語言；流利地使用外國語是種表演，但沒有藝術價值。

唐十郎無法忍受法語或英語講太好的日本人，這些講外語的在其他日本人面前炫耀時特別討人厭，他喜歡用胡言亂語來模仿這些人說話的調調。我可以理解他的反感，因為我也覺得喜歡炫耀自己日文有多厲害的西方人很討厭，雖然那討人厭的傢伙往往就是我本人。這可能不只是因為這些言行感覺有點失禮，或以唐十郎來說，是某種外國人情結。可能還有更深層的原因：說一口太流利的外語會感覺有點假，這種人沒有明確的認同，只會學舌模仿——也就是個「間諜」。

在《童女的面具》中，有幾幕講的是腹語術者與他的傀儡。他們會互換身分，因此有時不是很清楚誰在透過誰說話。過著周遭都是日本人也講日語的生活，我偶爾會覺得自己有點像是那傀儡。模仿日本人說話的方式，甚至連說話時的言行舉止也不放過——講電話時頭微微鞠躬、前後搖晃，同時保持微笑——有時讓我覺得自己像是真實生活中的演員。有些人認為在另一種文化裡生活是種滋養，話是沒錯。但還是會有某些時刻，說外語的表演者覺得自己正背離了自我的某個部分。換言之，外語就像是一張面具，背後隱藏了更真實的東西，無論那東西是什麼。我有時會採取奇怪的防衛機制：故意用極度誇大的方式表現日本人的行止，轉化成某種諧擬。這種表演很容易變成挖苦嘲諷，但有種把距離拉遠的效果。至少，這讓我幻想自己仍掌握了自我的核心。

有天分的人都只說一種語言，我不確定唐十郎與李麗仙這種觀點是無心之語，抑或是刻意的輕蔑。藝術家及其譯者間的關係總是微妙，牽涉到某種程度的依賴。當譯者是外國人，且身處於當時仍相對孤立的文化中，關係會變得更加複雜，因為譯者也代表與外面世界的微弱連結。因此藝術家必須清楚宣示自己才是擁有更多天分的人，即便外國人更能在各文化間穿梭。

唐納・李奇曾警告過我成為知名藝術家親信的風險。他寫的文章大大提升了黑澤明在西方的知名度，是讓西方世界看見日本電影的重要先鋒。黑澤明非常明白這點，因此很想拉攏他進入自己的小圈子。大導演深夜喝酒、對熟識發洩情緒時，會召喚他過去。但唐納・李奇選擇保持距離以維持自主性。他才能觀察、評論、批判或讚美。「濕」不是他的風格。

大概在我翻譯《童女的面具》期間，我從日大藝術學院的電影系離開，獎學金就此結束，因此必須自己討生活。既然自詡為攝影師，我決定應該學點更專業的技術，最好的方式就是去當名攝影師的助理。我當過馬格南通訊社攝影師的助理，但坦白說，查爾斯・赫伯特（Charles Harbutt）、伯特・格林（Burt Glinn）、柏克・烏茲勒（Burk Uzzle）等人其實是獨來獨往的攝影記者，除了日文翻譯之外不太需要助理，我覺得自己需要多學一點。

某個日本攝影師好心把我介紹給需要第二個助理的立木義浩。立木義浩是東京攝影圈裡的閃耀明星，以拍攝時尚照與老練風格化的裸女照聞名。他有一本頗負盛名的黑白攝影集，在巴黎與加州兩地拍攝女演員加賀真理子。加賀在法國旅館房間裡慵懶地躺著、在聖塔莫尼卡碼頭前搔首弄姿，或身上僅穿一件毛皮大衣在鏡頭前扮鬼臉。這些照片吸引著新日本從孤立狀態中破繭而出，渴望西方的情色主義。

玉樹臨風的立木義浩總是穿著得體，看起來就像時髦的一九六〇年代義大利影星，很有時尚攝影師的模樣。在日本連外國車都極為罕見的當時，他開著閃亮銀灰的雪鐵龍ＤＳ。我們在六本木中央的時髦工作室進行簡短的面試。六本木是東京最西化的區域，有很多迪斯可舞廳、酒吧、模特兒經紀公司、攝影工作室與歐式餐廳。全日本第一家披薩店就在附近，謠傳一開始的主顧是趕時髦的黑幫成員。立木不予置評地瞥了一眼我的破舊喇叭褲，叫我下星期開始上工。

那天傍晚，我們在六本木一個時尚派對上偶遇，賓客盡是攝影師、設計師、電影人、模特兒。找我去的是寺山修司的前妻九條映子，那時我還是她的英文家教。這通常不是低階助理能和知名攝影師一起出現的場合，更別說與他們隨意閒聊了。但立木是個極富魅力與機智的人，所以我們喝著香檳天南地北地聊著。當他準備要離開時，他在我耳朵邊低聲說：「今晚是例外，絕對不要忘記我是你老師。」

這是最友善的警告，警告我這個有特權的外國人可別忘了自己的身分。在藝術、文學與知識分子的世界裡，「先生」（意指前輩、老師）就跟職人的「親方」一樣，是尊貴的在上位者。

派給我的第一項任務，是協助拍攝穿著昂貴和服的模特兒，照片將會登在以雪銅紙印刷的女性風尚雜誌上。我唯一的貢獻是看著拍攝進行，我已經想不起來一號助理的名字，可能是「田中」吧。精確地說，對立木老師而言是「田中」，對我而言則是「田中前輩」，雖然我們幾乎同年。

立木很少對田中說話，他只消發出零星的哼聲與手勢就夠了。拍攝這些和服是例行公事，田中很清楚老師要什麼，沒什麼特別的，但每件事都必須恰到好處：燈光要能襯托出優雅老婦人身上彩色絲質和服的繁複精緻花紋。他迅速地以專業級冷靜架設好適合的燈與用來反光的銀色雨傘。田中叫我仔細看好，這樣下次我就知道怎麼做了。然而所謂的「下次」卻不是在六本木工作室拍攝和服，而是在橫濱的旅館裡拍攝一絲不掛的歐亞混血小模，隨意躺在有鍍金裝飾的大床上搔首弄姿。

建於一九二〇年代的橫濱新格蘭德飯店，是二戰空襲下少數僅存的建築物，麥克阿瑟將軍曾下榻於此。它仍保有舊世界的異國情調：黃銅門把、挑高天花板、水晶枝狀燭台與仿法國路易十六時期的椅子。在立木的作品集中，相對於這種西式舊世界氛圍，也會將裸體模特兒擺在美麗的日本寺廟或傳統武士宅邸前，這類宅子通常有精緻的榻榻米地板與彩繪的漆木屏風。在戰後日本，這些建築物幾乎就跟新格蘭德飯店一樣具有異國情調。

田中用下巴指了幾個燈，發出頗有權威氣息的悶哼聲；立木義浩正在陽台上抽著他的「高盧牌」香菸；仍裹在蓬鬆白浴巾裡的小模，正準備上妝；港口霧角的嗚嗚聲伴隨著涼風，從開著的窗戶飄了進來。我一片茫然，一陣痛苦停頓後，就在我笨拙地調燈，只想表達我有在工作時，田中大發雷霆、對我咆哮，然後把自行完成工作。「給我看好！」他大吼，像是罵一隻無法完成把戲的笨狗。

對田中而言，連念我一聲都嫌麻煩，因為我應該要默默地透過模仿而學習，就像日本所有的學徒一樣。你不會也不能問問題，沒有任何言語解釋，你理應透過模仿老師的行止而學會某種技能，這叫「潛移默化」。壽司廚師也是如此養成，只是他們比我有更多的時間。學徒獲得恩准靠近砧板之前，會花上數年負責拌米或磨薑。無止盡地重複扛粗活與遭受直屬上司的虐待，也是心理（或者某些日本人會稱作「精神上的」）修行的一部分：吃得苦中苦，方為人上人。

在歐洲與美國擔任攝影師助理，未必就比較輕鬆容易。然而我無可救藥地不適任，如果我更有實務經驗，無疑地能比較快適應立木義浩的打燈例行公事，但我沒經驗。我也不擅長預測命令，簡言之，我就是不怎麼能被潛移默化。

儘管貌似義大利影星，立木義浩在很多層面仍是老派的日本匠人。他父親在四國的小城經營人像照相館，四國在日本諸島中最小且人口最少。立木義浩一如其他進城的鄉下人在一九五〇年代晚期來到東京，希望能在此地揚名立萬。有時，在一日工作結束之際，他會坐在黑色的皮沙發中，一隻腳隨意搭在鋁合金的扶手上，邊喝朝日啤酒邊閒聊他的人生哲學。比較精確的說法是我們喝啤酒，他喝加冰的保樂（Pernod）茴香利口酒。「我認為自己也算是廚師」是他常說的話，「我的任務就是做出完美的壽司卷」。他假裝把一塊鮪魚放在醋飯上的樣子，一邊用英文「美味」（delicious）來形容，這樣描述他的攝影還算精準。裸女在假高尚的布景裡擺擺樣子，概念上可能有些俗氣，但那些照片看起來總是非常漂亮，立木是技術大師。

我和田中的關係持續緊張。用身體學習牽涉到的不只是工作室燈光如何架設而已，排資論輩更以各種不同的象徵出現。展現方式是立木對田中擺架子，而田中則對我擺架子。假如還有第三個助理，就輪到我可以熬出頭了。

其中一個象徵姿態是點菸，我吃足苦頭才學會這事。有一次，田中開著立木義浩的雪鐵龍，正等待老闆從會議中出來，當時他左手拿著樸實的七星菸，而我完全沒注意到這件事，直到他突然大吼：「你這白癡是不知道自己該做什麼嗎？」我一臉無辜地回答：「不知道，要做什麼？」他發出惱怒的呻吟：「當我手上拿著菸，」他終於像是父母面對不受教的小孩，用精疲力竭的口吻說：「你要立刻幫我點火。」

後來我見識到田中是如何把這件事做到像藝術一樣完美。當立木的手伸進口袋裡拿菸的同時，他瞬間準備好了打火機。

我理應從這些瑣碎的侮辱中得到教訓，好讓自己進步。然而，在學長學弟制的關係中，還有另一個面向讓我更難以忍受。田中不是才華洋溢的人，但他有一副好心腸。作為前輩的其中一項職責，就是要好好「照顧」後輩：嚴格教導要與父權關懷相輔相成，這通常包括喝酒。在日本，酒精是最好的人際關係潤滑劑，讓人可以卸下心防、大鳴大放，甚至暫時忘記階級常規——理論上你可以抱怨老闆，反正隔天太陽升起時一切都會煙消雲散。

於是田中三不五時會帶我去酒吧，喝得爛醉，而且每次都是他買單。他喝得滿臉通紅、柔和發光的眼神滿溢無比善意，他會慷慨甚至淚眼婆娑地給我各種建議：對於我的工作與未來、日本文化的眉角，甚至是我的感情生活。要我臉皮別那麼薄，應該要更有意識地保持自尊心。然而這些教誨在我聽來，比因為不會點菸而被罵還更加難以忍受。

我告訴立木自己不是做攝影師助理的料時，他表現的十分和善，他百分百理解。我的無能也讓田中非常痛苦。立木祝福我一切順利，至今我想到他時還是很欣喜，但此後我們再也沒見過面。

儘管譯了一本劇作，我在寫作上依然沒什麼長進。我很高興能為《日本時報》撰寫電影評論，這工作之前由唐納．李奇負責了很多年。我接續寫了大約兩年，直到一九七九年，我漸漸對臧否他人的心血結晶感到厭倦。《日本時報》大多數的編輯是歐亞混血兒，基於某些理由被困在這片土地上。日英混血的主編約翰．山中抽菸斗，講話有一點結巴，但腔調活像英國愛德華時代的上流社會紳士。另一個我忘了名字的好人負責編輯藝術版，他可能是日美混血兒，在對他最不利的時刻滯留日本。一九四一年底，珍珠港事件爆發，他被日本帝國陸軍抓兵，在恐怖的緬甸叢林戰役中倖存。他有次告訴我日本士兵在雨季中困在沼澤裡動彈不得，奮力爬上棕櫚樹以躲避鹹水鱷魚，一旦精疲力盡沒抓牢就會落入鱷魚的血盆大口，此時淚水在他榛果色的眼珠子裡打轉。

某個荷蘭電視公司問我要不要拍攝紀錄片。在這之前，我僅有的拍攝經驗是跟朋友津田合拍的短片。這家公司 VPRO 以製作大膽的節目著稱，他們有全荷蘭電視台最好的諷刺喜劇。本身頗負盛名的紀錄片導演羅洛夫．基爾斯（Roelof Kiers），開始製作由世界各地短片所組成的連播選集，而我要負責關於日本的影片。

我製作了三部紀錄片：一部關於日本軍隊、一部是工人在山葉機車工廠的生活，另一部是我先前提過，關於大阪百貨公司電梯女郎的訓練過程。我的團隊成員包括一位攝影師與一位收音師，另外還有一位日本電視台的老手幫我處理剪接的部分。我們常常徹夜討論，只為了把十五分鐘的影片做好。三部影片中最成功的，或至少在我記憶中最鮮明的，是電梯女郎那一部。

影片中的百貨公司在大阪是最大也最時髦的一家，早上開店時會有一整排穿制服的女店員站在門邊，微笑鞠躬說著歡迎光臨。上了濃妝的電梯女郎經過徹底訓練，她們穿著紅白相間的裙裝，腳上是閃亮的白皮鞋，頭上戴著插有黑色小羽毛的紅帽。在顧客進電梯時鞠躬，手上帶著白手套以精準的角度指出電梯往上或往下，然後用精美訓練的假音告知顧客每層樓販售的商品。她們是真人娃娃，就像大阪聞名於世的文樂劇場人偶一樣雕琢，所有手勢與聲音都被磨練到最完美的境界，我想要拍一部究竟如何訓練出這一切的影片。

其實我可以選擇拍攝日本任何一家大型百貨公司，因為每一家都有穿著公司獨特制服的電梯女郎。之所以選擇大阪這家，是因為之前看過一張鞠躬機器的照片。這家百貨公司有人發明了一臺新奇裝置，可以訓練女郎們以精準的四十五度角鞠躬，不多也不少。這臺機器看起來有點像大型體重計，但胸口處有一塊鐵盤。站在上面的人把胸口壓向鐵盤時，指針就會顯示出鞠躬的角度在幾度。這個機器也可以因應場景，設定成走路交會時的十五度鞠躬，或恭送客人離店時的三十度鞠躬。

我們拍攝這臺機器的使用方法與訓練過程，電梯女郎練習假音向客人宣告四樓是女裝與玩具部、十樓有家飾、陶瓷與藝廊。由於預計用數個月時間來拍片，我們得以從頭到尾跟拍電梯女郎山田浩子的訓練過程。她將經歷驚人的轉變：不僅僅是從一開始接受訓練到終於在結業典禮上拿到電梯女郎證書；在她每天的生活之中，轉變也不斷重複發生。

每天一早進公司時，浩子穿著牛仔褲、嘴裡嚼口香糖與朋友嘰嘰喳喳聊個不停，她是個活力充沛又愛笑的年輕女孩。但練習一旦開始，她立刻變得面無表情，幾乎像戴上面具。她的聲音會提高，肢體動作則如同風格化的能劇舞者。

我得承認一開始看到這種景象時，會跟典型西方人一樣暗自竊笑，老套地認為日本人果然就是真人機器人。但浩子完全不像機器人，她對於這樣的表演引以為傲。我在鏡頭前問她為什麼想當電梯女郎，她抬起頭想了一會兒，然後用「憧憬」（憧れ）一詞回答我。人在渴望或夢想某些事物時會用這個字，像是我們所嚮往的巴黎（憧れのパリ）。年輕粉絲在討論全由女性團員組成的寶塚劇團時，用的就是這個字。

真人娃娃的美學顯然與唐十郎「肉體的特權」這種想法背道而馳。在他的劇場裡，演員狂亂的肢體動作故意要反抗日本傳統中像盆栽那種受控制的美。但他的肢體反抗，包括在舞台上跳舞打架、吐口水、扯臉與尖叫，其實很大部分也是日本傳統。這種傳統屬於早期歌舞伎、河邊乞丐、狂放的神道祭典、新宿的學生抗議運動與土方巽的舞《肉體的叛亂》。兩種傳統都受到風格化，他們是相同美學的一體兩面。

一九七八年，在我譯完《童女的面具》的一年後，有一天唐十郎突然打電話給我，說有事要告訴我，叫我立刻去他家。當我走進他們家二樓的工作室時，幾個演員對我微笑，看來他們知道一些我不知道的事情。我們圍成圓圈坐下，唐十郎開始解釋他下一齣戲的概念，劇名是《獨角獸物語，台東區版本》（『ユニコン物語 台東区篇』）。

台東區是唐十郎出生的下町。這齣戲裡有：在其地盤下谷的迷宮；空中亂飛的豬排；變裝皇后養了一個男孩，而這男孩是在下谷醫院用另一個女孩交換來的；犬神；賣嬰兒布巾的公司職員，為了一個裝了胎盤的塑膠袋大打出手；以及陸軍軍曹橫井庄一，他不知道戰爭已經結束，在關島叢林裡一直躲到一九七二年才現身。在下谷醫院裡被交換的男嬰名叫「特西歐」，即希臘神話裡忒修斯的義大利文；女嬰名叫「阿朵涅」，或稱「阿里阿德涅」。他們互飲對方的血，而她會用一團線引領他走出迷宮，一路走到納尼亞，也就是C・S・路易斯的

《獨角獸物語》中的唐十郎

帶著胎盤的小林薰

小說《納尼亞傳奇》中的奇幻王國。特西歐揮舞他的木劍並拉著一台腳踏車，車把上插著獨角獸的角。

我邊聽邊點頭，一頭霧水。「而你，」唐十郎高八度咯咯笑地對我說：「你也要參一腳。你來扮演外人伊旺（Iwan the Gaijin），一個可能是俄國人但自稱午夜牛郎的傢伙。」

9

在唐十郎的劇作中，情節或許不是重點。至今我還是沒有真正搞懂《獨角獸物語》在講什麼。唐十郎往往不會直接講故事本身，而是談論劇作背景與連結，這裡的連結總是和他的童年相關。

我曾問他是否去看過歌舞伎，他回答沒有，卻說：「無庸置疑，歌舞伎深埋在我的潛意識某處。」他對於劇場最鮮明的回憶是另外一種類型的戲劇，他經常回想起淺草的艷舞表演，淺草就在他下谷老家附近。艷舞表演換幕時，為了讓女孩有時間換上另一套衣不蔽體的比基尼，喜劇演員會表演不到十分鐘的短劇或搞笑鬥劍等內容。有些主要是為了來看脫衣舞的賭徒，會趁這個空檔去看一下賽馬結果。但唐十郎著迷於換幕時的搞笑鬧劇，更甚於玉體橫陳。

唐十郎近乎低語興奮地說：「賭場劇院的米提金（Mitikin）是個酗酒的雜耍演員，他神乎其技，在舞台上用劍擋住了另一名喜劇演員之後，就衝出劇院到淺草寺，然後又衝回來繼續鬥劍。我有一次去更衣室找他，看到他正在大嚼塑膠袋中的米果，破爛的西裝與地上滿滿的米果屑。蹬著高跟鞋的女孩把地上的米果踩得飛濺。突然之間，米提金說：『聽哪！你聽到森林裡暴風雪的聲音了嗎？』」

這則謎樣的軼事暗示了他世界觀裡的核心：淺草豔舞劇場的破敗情調、悲傷的老喜劇演員的古怪，然而最重要的是從字面意義化為比喻的瞬間轉換，而這通常也會讓俗文化轉變到高雅文化。吵鬧不休的變裝皇后、小奸小惡、令人齒冷的謀殺故事與妓女，唐十郎用童年世界裡因悲慘貧困而生的荒謬，交織成原生版本的古老神話：阿里阿德涅幫助特西歐逃離東京下町的迷宮，尋找C·S·路易斯的納尼亞。人物出奇不意地變形：在產科醫院交換嬰兒的年老變裝皇后阿春，突然之間變成了避世二十八年的軍曹橫井庄一。唐十郎用夢境的邏輯／無邏輯，開展他的劇作。

簡言之，把我演的角色「外人伊旺」設定成一個可能是俄國人但自稱午夜牛郎的傢伙，完全沒什麼好大驚小怪的。

我戴著可笑的皮製牛仔帽，在舞台上出現的時間其實很短。在第三幕時，「納尼亞義勇軍」樂隊一路將我追趕到舞台上；小林薰飾演嬰兒包巾工廠總經理兼犬神八房，叫我俄國佬；我說我不是，他大吼：「管他的，反正所有白人看起來都一個樣！」於是，我吊書袋解釋白種人可以分為日耳曼人或斯拉夫人……犬神大叫：「夠啦！從北京人看來，你們全都是該死的外國人，你是間諜！」然後我大喊：「我是午夜牛郎！」這種「對話」一來一往，大開俄國人的玩笑，戰後他們偷走了日本在太平洋的領土，而美國大兵發放口香糖，這是唐十郎那一輩人對於戰後占領歲月的共同回憶。

笑話諷刺的是日本人對外國人普遍的態度，重點當然不是要奚落外國人。對於能在唐十郎的戲中參一腳，我受寵若驚，這讓我覺得自己獲得這圈子的接納，甚至可能表示我在劇作家眼中有點天分。我終於在此刻真正占據了日本社會中某個小小的「濡濕」角落。

某晚上結束彩排後，我們去新宿找樂子。那是個早春的宜人夜晚，霓虹燈閃爍如星，照耀著熙熙攘攘、車水馬龍的街道。我們最後去了唐十郎最喜歡、也很受作家歡迎的酒吧，如果我沒記錯的話，酒吧名字是「娜嘉」，以安德烈・布賀東（André Bréton）的超現實小說命名，內容是一段與瘋女人的愛情韻事。這裡燈光昏暗、桌面燻黑，房間裡瀰漫菸味，邁爾士・戴維斯（Miles Davis）的柔和樂聲在耳際迴響。好一個微醺快活的夜晚，我們很快地解決數瓶威士忌。我坐在唐十郎旁邊，那裡通常是團裡資深演員的保留座。身穿粉藍色西裝外套與繫著紅色絲質領帶的他，看起來十足的老大。他點了更多酒，眼睛瞇成一條線，像是心滿意足的貓。大多數的人用我在劇中的名字「伊旺」喊我：有人說「可怕伊旺」，也有人說「外人伊旺」，另一個人則說「才不是，他是怪咖外人伊旺。」一個會說日語的非典型外國人。我笑了，但不很確定自己喜歡這個說法。無論是否出於善意，這句話聽起來頗有誇獎貴賓狗耍寶真可愛的味道。

當晚快結束之際，男廁裡站在我隔壁的是在《獨角獸物語》中飾演特西歐的根津甚八。當我正專心一意對著白瓷牆解放膀胱時，他那張號稱東京詹姆斯・迪恩的帥臉轉向我，然後對我說：「你知道嗎，你一定要是日本人才能真正演我們的戲。」我問他所指為何，他說：「呃，如果你是外人，就不可能演外國人。」

我不同意地嘀咕了幾句，但一直記得他的話。我想到歌舞伎中的「女形」，那些擅長於女性角色的男演員。真正的女人沒辦法用同樣風格化的方式演出這些角色。女演員得飾演假裝成女人的男人，這樣才會有韻味。或許根津甚八的意思是：既然我是奇怪的外國人，就應該飾演假裝成外國人的日本人。他或許是對的，至少我有時的確這樣覺得。

《獨角獸物語》理所當然會在紅帳篷裡演出。我們巡迴的第一站是大阪，屆時帳篷會搭在公園裡骯髒的水泥山丘上，遠眺市立動物園。接著我們會移動到熊本城河岸，那是位在西南方島嶼九州上的舊城。然後是京都，之後回東京，在池袋站附近的鐵路線之間某個烏煙瘴氣的地點表演。整趟行程耗上快一個月。

在啟程之前，演員不破萬作帶我去認識一位《朝日畫報》的編輯。《朝日畫報》現已停刊，它原是《朝日新聞》的週末副刊，有個計畫是要我拍攝巡演時的照片並撰文介紹。留著一頭長髮、身材瘦高、穿著深灰色西裝、走文青路線的編輯，非常熱切地想知道「外國人的觀點」。對於安排像我這樣的人寫文章，他甚至用了當時媒體圈常用的說法：「藍眼睛所看見的日本」。

我欣喜若狂，不只因為我得以進入唐十郎的圈子，現在還有機會展現天分：除了扮演午夜牛郎這種小配角之外，更是作家與攝影師。我不再只是個念電影的學生、間諜或奇怪的外國偷窺者，而是有分量的人，即使我的眼並非最純粹的藍。

我們在清晨坐舒適的小巴士出發，一台貨車載著折疊好的紅帳篷跟隨在後。唐十郎與李麗仙坐在靠前面的位子，與根津甚八、小林薰及其他資深演員聊天。車子行經橫濱平淡無奇的郊區，與富士山附近墨綠色的綠茶園。富士山甜筒狀的山頂隱藏在蓬鬆軟綿的白雲堆中。幾小時之後，約略在豐橋市與名古屋之間的某處，我坐在靠窗的座位，然後開始閱讀。我記得應該是狄更斯的小說，可能是《塊肉餘生記》吧！在日本或亞洲其他地方旅行時，我很喜歡讀這類的書：前往泰國東北的火車上讀珍．奧斯汀，或是前往南台灣的巴士上讀伊夫林．沃（Evelyn Waugh）。我猜，這能讓我短暫躲進一個令我安心而熟悉的幻想世界。

正當我埋首小說斯蒂福與米考伯的世界時，耳邊響起的聲音讓我回過神來。一口暴牙的不破萬作問我：「你為什麼在讀書？你不習慣團體旅行是吧？」他說這話時不帶惡意，但有一點責難的意味。我應該要投入、參與、分享大夥的經驗。在巴士上可以睡著，但顯然不適合讀書，這等於把自己封閉起來不跟大家交流。我趕緊把書中的烏利亞・希普與貝西・特洛烏德拋諸腦後，轉而回到現實世界。在往大阪的高速公路上，我和唐十郎與其他演員坐一起、從塑膠壺中倒綠茶來喝、連我不知道的舊回憶也要跟著笑，並咬著頗有嚼勁的白色魷魚絲。

我們在硬梆梆的地面上鑽洞，把帳篷搭在天王寺公園。這地點很神奇，旁邊是動物園，當我們彩排時，日本版忒修斯與阿里阿德涅一面穿越唐十郎的故鄉下谷區，找尋用血淋淋的塑膠袋裝著的遺失胎盤。我們聽著猴子嘰喳作響，癩皮獅則心情欠佳，在柵欄裡踱步低吼。

另一側叫「新世界」，是個混亂而美妙的娛樂區，夜生活與遊樂園各半。它建於一九一二年，靈感來自於對紐約與巴黎的胡思亂想。這裡有一座荒廢頹圮的月神主題公園、一座與艾菲爾鐵塔相似度頗低的塔，以及一整排廉價餐廳，專賣像是烤雞胗或豬心之類的平民美食。二戰之後，曾經風光摩登的新世界變成了由黑幫掌控的貧民窟。穿著閃亮西裝與漆皮白鞋的惡棍大搖大擺走在窄巷間，讓正派人士敬而遠之。來自日本各地的艱苦人聚集於附近的貧民窟，就像是東京的山谷區一樣。在這裡，壯丁如果夠好運，可以從黑道承包商手上拿到日薪工作；如果比較倒楣，他們會喝番薯釀製的便宜烈酒「燒酎」，酩酊大醉。除了賣燒烤的食攤之外，還有一些遺留下來的舊音樂廳，過氣的喜劇演員在台上有氣無力地講著老掉牙的笑話，底下觀眾是睡到打呼的遊民。「新世界」也吸引著變裝皇后與妓女，她們專釣那些醉到上誰都無所謂的嫖客。

在我們的巡迴中，知名演員常田富士男也參與客座演出。他扮演變裝皇后阿春，臉上塗著白堊色的粉、抹上唇膏、毛茸茸的黑假髮中插了一朵紅玫瑰。然而，那些懶洋洋躺在我們帳篷外面的傢伙看起來更驚人：中年男人要嘛身穿破掉的長洋裝，不然就是穿復古迷你裙，足蹬細高跟鞋走路踉蹌，鳥腿上傷疤累累；妓女大多數有點年紀，穿得跟變裝皇后差不多。

我注意到有個男人正在用鈍武士刀劈砍被風吹起的報紙，據說他幻想自己是十九世紀的傳奇劍客兼賭徒國定忠治。沒有人跟他說話，而他也忽視周遭所有人，只是專心沉浸在不法之徒與綠林好漢的幻想世界中。他每天早上都在那裡，有時候傍晚也在，擺出戰鬥姿態以準備殲滅幻想中的敵人。

帶妝彩排進行得不太順利。小林薰喉嚨痛、大家一直說錯台詞、步調不對、打燈的時機搞錯，這讓唐十郎很緊張，要一部分人重新彩排。不過，首演之夜一切順利。我的午夜牛郎台詞得到熱烈喝采。在舞台側翼，不破萬作對我耳語：「感覺超讚的吧！」不過掌聲雷動最高潮是在劇終時：當帳篷後側掀開，出現了一台有大型動力鏟的紅色挖土機，一把鏟起了特西歐與阿春，隨著音樂漸強，特西歐大喊：「走吧，獨角獸！」

這可能是這次巡演中最好的演出了。我們下榻佛寺，睡在大廳鍍金的木刻菩薩腳下的榻

飾演阿春的常田富士男與李麗仙

榻榻米上。在回到佛寺之前，我們先去舊式公共澡堂洗浴一番，這裡多半是從建築工地回來的男人拖著疲累的腳步會來光顧。牆上鑲嵌著男孩金太郎騎著橘紅色鯉魚的馬賽克拼貼，這個圖樣我曾在彫文的刺青中見過。我們共用公共澡堂，就像是橄欖球球員們浸在同一缸熱水中，臉被蒸汽蒸得通紅。在佛寺大廳，把床鋪鋪好前，我們豪飲大量啤酒、威士忌、燒酎。唐十郎演唱了「阿里巴巴」，李麗仙則演唱出自另一齣劇作《約翰．西爾佛：新宿之愛》的歌曲。我們都用手打拍子加入，根津甚八彈吉他。我們就巴勒斯坦人的命運友善地爭論一番，大家舉杯齊敬「外人伊旺」。萬事美好，公社似乎和諧地保持完美秩序。

然而，隱微的緊繃氣氛開始醞釀，不過我顯然後知後覺。每當根津甚八登台時，觀眾席內就會有一大群少女開始極度興奮地尖叫。紅帳篷的觀眾通常不會用那樣的叫聲來喝采，說實在這還比較像集體高潮的刺耳尖叫。扮演下谷醫院院長的唐十郎一度向女孩揮舞竹杖，要她們不要這麼吵。喧囂混亂的觀眾向來是狀況劇場新歌舞伎風格的一部分，演員習於接受喝采。但這些對著根津甚八尖叫的女孩不是狀況劇場的一般粉絲，她們年輕許多，事實上她們可能根本不是狀況劇場的粉絲，只是迷戀根津甚八而已。

如果根津甚八爆紅是因為他是唐十郎的明星演員，那也就罷了，然而事與願違。就在《獨角獸物語》展開巡迴的不久前，他被選入某個很受歡迎的電視劇劇組，飾演十六世紀的綠林好漢石川五右衛門，大概像是日本的羅賓漢。石川五右衛門刺殺當時日本最有權勢的藩主失敗之後，被丟進大鑊用熱水活活燒死。直到現在都有種金屬製特殊浴缸叫做五右衛門，踏進這種金屬浴缸時得很注意不被燙傷。無論如何，五右衛門極富角色魅力，而東京詹姆斯・迪恩逐漸成為舉國上下的萬人迷。李麗仙在該劇中也有角色，她顯然想要參與更多電視劇演出。唐十郎在該劇中亦有演出，不過只是跑跑龍套的海盜頭子。他或許心有防備，也或許暗自覺得遭到背叛。我在大阪佛寺與大夥兒拍手唱歌時，還不明白這些。當唐十郎為了某件我記不得的事，怒氣沖沖地對根津甚八說：「根津，你也變得太滑頭了，這對你不是好事。」我當時就該察覺有些事情不太對勁。

根津的反應是保持低調，但李麗仙才不是那種會低頭的人。在東京前衛藝術的小圈圈裡，她與唐十郎公開爭吵已是傳奇。我在他們家見識過一兩次驚人的火爆場面：唐十郎氣到像是鼓起的牛蛙、李麗仙歇斯底里尖叫、滿桌食物灑一地。但大家都跟我保證，這些插曲象徵著他們對彼此的熱情，像是《慾望街車》（*A Streetcar Named Desire*）裡的史丹利・科瓦爾斯基與史黛拉一樣。衝突是他們的創造力之泉，難以想像唐十郎的劇場中沒有李麗仙。無論如何，大家都私下對我說，李麗仙是韓國人，這種火爆脾氣是韓國人的天性。

下一站是熊本。我們把帳篷搭在白川河岸，可以遠眺熊本城。這座精緻的「老」城大部分建於十六、七世紀，在十九世紀晚期的內戰中毀壞，而一九六〇年代又用水泥重建。我們的小巴士一停到預定地點附近，便傳來相當熟悉的少女尖叫聲，她們穿著米老鼠T恤與粉紅踝襪。我們下車時，唐十郎大吼叫她們滾遠點。或許出於想要討好唐十郎、也可能是想要融入，我也表示對這群青少女追星族的厭煩。戴著飛行墨鏡與棒球帽的根津甚八顯然偽裝失敗，他用英文對我說：「我很抱歉。」

在日本，河岸傳統上是遊民、馬戲團員、賭徒、小偷、賣藝人、妓女與其他賤民常出沒的地方。都市河岸較不宜居處，仍可以看到貧民窟或部落民區。因此唐十郎及其劇團的認同，與十七世紀初成立的第一個歌舞伎劇團「河原乞食」緊緊相繫。

我們忙著在白川河岸的泥地裡紮營，此時已擠滿人潮，這次不是變裝皇后或廉價妓女，而是打鼓、吹喇叭、跳舞與親熱的學生。簡單講，就是因為日本都市生活狹仄，而無法從事的各種活動。兩個留著短髮、小腿粗壯、頗富男子氣概的年輕女子大步走向我們的帳篷，表示她們是根津甚八的鐵粉。這兩人看起來像是專業摔角選手，她們說自己是當地女子監獄的警衛。唐十郎不是太開心，但兩人的友善與古怪打破僵局。她們遞上盒子，裡面裝著用墨綠色海苔包著鱈魚子內餡的自製美味飯糰。

情緒依然欠佳的唐十郎正盡其所能接待地方電視台記者，這個胖男人穿的白色西裝上有巧克力棕色條紋，看起來有點像橄欖色的鋼琴樂手胖子多明諾（Fats Domino）。他拿著麥克風要唐十郎用五分鐘總結整齣戲，唐十郎斷然拒絕。我不知道之後的訪談進行得如何，但大約十五分鐘後我眼見胖男人四足跪地、對著道具狗吼叫，這是我們最後一次看到他。

我們在熊本首演前的最後彩排很晚才開始。穿著軟皮夾克的唐十郎站在帳篷裡的暗紅色燈光下，如拳擊手一般弓著背、眼睛緊盯舞台、嘴裡無聲地唸著台詞。小林薰的喉嚨還在痛。外頭傾盆大雨，在帳篷附近形成了泥濘的三角洲，而且嘈雜的雨聲也讓人很難聽到舞台上在講什麼。我們結束彩排時已是凌晨一點鐘，大家又餓又沙啞，再也搾不出一絲力氣。

隔天，漫畫家赤塚不二夫來訪，他是唐十郎的老朋友，他的作品有名到他被稱為「搞笑漫畫之王」（ギャグ漫画の王様），他也贊助紅帳篷的運作。赤塚不二夫蒼白害羞，是個留著孩子氣瀏海的黑髮男子，他出生在滿洲國，是憲兵隊軍官之子。他需要大量的酒精才放得開，然而一旦解放，就什麼事都做得出來。攝影師荒木經惟曾拍過一系列作品，照片中的赤塚不二夫穿著條紋T恤，在新宿的計時賓館與年輕女子性交。為了慶祝他到熊本來拜訪我們，唐十郎派了一個下谷醫院護士的角色給他。他的登場非常引人注目，因為在穿著濕透的護士服上台前，他會游過白川來到帳篷。或許是冰冷河水的緣故，即使他只需靜靜站在舞台上，我很少看到在有人公眾注視下會這麼難受。他一副嚇壞的樣子坐立難安，巴不得能用最快速度飛奔回舞台側翼，喝杯啤酒壓壓驚。

表演結束後，還有幾位貴客過來。其中一位是美輪明宏，他是演員與酒館歌手，無論在台上還是台下都男扮女裝，據說是三島由紀夫的情人。兩人曾經合演電影《黑蜥蜴》（『くろとかげ』，1969），這也是我在日本看的第一部電影，當時是在新宿某個地下室小電影院放映。該片劇本由三島由紀夫所寫，完美融合了同性戀、性虐待與日式王爾德唯美風格的媚俗。美輪明宏飾演「黑蜥蜴」，是夜總會老闆與犯罪首腦、惡貫滿盈的禍水紅顏，她愛上了負責調查她的年輕偵探。三島由紀夫在片中飾演健美的幫派分子（他的健身成果完整呈現），黑蜥蜴殺了他，並且把他變成她夜總會裡的裸體雕像以供褻玩。意外的是，這個病態幻想的劇本在一九六二年先製作成音樂劇，不過三島由紀夫顯然比較喜歡後來美輪明宏擔綱演出的版本。

美輪明宏有著低沉的男性嗓音，卻使用陰柔的女性日語。他宣稱自己是十七世紀美少年轉世，領導基督徒農民反抗南九州地區的武士統治者。結果起義失敗，當地基督徒被屠殺殆盡。少年的頭被掛在長槍上，在長崎示眾，那兒也是美輪明宏的家鄉。我之前在銀座夜總會與他打過照面，他在那裡演唱艾迪特．皮雅芙（Edith Piaf）的法國香頌，我覺得他滿嚇人的。

這類訪客看到我在場時，通常反應是：「老天！看看狀況劇場現在變得多麼國際化了！」有時候也會有人追問我關於美國生活種種，好像我會知道一樣。被搞得很煩的時候，我會擺起高傲的日本人架子回應，甚至故意模仿唐十郎的下町腔講話。我不只高深莫測，更讓人難以忍受。但事實上，這些訪客說的話並非有意挑釁。我猜惹毛我的原因，其實是提醒我在劇團中的不確定地位：團員？有特權的外國人？國際吉祥物？抑或是間諜？

或許美輪明宏在場影響了我的專注力，在熊本第二晚的演出有點糟。在講到「我是午夜牛郎」那句台詞之前都還算順利，但突然之間腦中一片空白。我看到小林薰在等著我的下一句台詞，他的嘴角因為緊張而微微抽搐。恐慌來襲、我的喉嚨變得乾渴、汗水模糊了視線，而且我感到觀眾察覺了不對勁。我就像是被吸入虛空之中，心臟在胸膛中越是劇烈跳動，就越是想不起台詞。我沒有專業演技能夠即興掩飾到冷靜下來為止。漫長無止盡、令人尷尬的數秒過去之後，小林薰出聲幫我提詞。這狀況沒再發生，但當下我整個人嚇呆了。而且更糟的是，唐十郎看起來極度不悅。

我們在黎明時刻搭乘小巴士離開熊本，晨霧像是薄紗絲線纏繞著道路。幾分鐘之後，我們離開小路轉進往北的高速公路。那兩個監獄女警衛就在轉角處站著，發瘋似的揮舞著手帕，天曉得她們一大清早在那裡等了多久，就只為了看我們（或該說是根津甚八）一眼。多數團員也揮手回應。

京都鴨川的河床也算是某種聖地，因為這裡是歌舞伎劇場發源之處。大約在一六〇三年，曾是神道巫女的出雲阿國聚集了一群流浪者與妓女，組成了只有女性團員的表演團體。她們在乾涸的河床上跳舞，表演京都妓院裡的風流幽會。這種風格變得相當流行，在這個煙花之地尤然。十數年後，當局在某次例行掃黃行動中，禁止女性演員登台表演，從此之後女性角色皆由年輕男子取代扮演。但顯然這仍無法杜絕有人喜歡付錢買演員共度春宵的癖好，所以過了一陣子，除非年輕男子把頭髮剃成成人髮式，否則也禁止上台演出。於是乎，一個偉大的劇場傳統就此誕生，一直持續到今日，或多或少呈現化石般的僵化狀態。我所看過最動人的戲劇演出是在大阪，那是一個很有名的場景：某位年輕武士的主人被邪惡朝臣逼迫切腹，而年輕武士為了籌錢替主子復仇，不得不將妻子賣入京都的妓院。一個前途看好的演員飾演年輕武士，他的親生父親，年高德劭的中村鴈治郎（二代目），以八十多歲之齡飾演武士的年輕妻子。但我還看過比這更詭異的表演，那是幾年之後蒙特塞拉特・卡芭葉（Montserrat Caballé）在大阪演唱歌劇《托斯卡》，身形龐大的她連跳下鞋盒般高度的牆都有困難。

紅帳篷就搭在出雲阿國曾經跳舞的地點附近，這是我們返回東京前最後的演出。我們下榻在舊學生宿舍，我與麿赤兒的大駱駝艦劇團一起巡演時也住在這。在開演前一天晚上，唐十郎與其他主要演員，還有我這個始終有特權的外人，接受招待前往先斗町享用晚餐。古老的先斗町街道上鋪有鵝卵石，窄巷裡，藝伎在木竹建造的優雅茶屋忙進忙出。河岸邊有一座端莊賢淑的出雲阿國跳著劍舞的雕像，雖然雕像現在變得很醜。招待我們的是一個知名的超現實主義詩人，但我不記得他的名字了。

我們在高檔日式餐廳的扁柏木吧台前坐成一排。生魚片非常新鮮，有些甚至還在美麗的瓷盤上微微抽動。一個與我們不同團的男子拿筷子戳還在顫抖的蝦。蝦子已經死了，不會再受折磨，但這場景有某種令我至今仍難以忘懷的虐待感。關於日本超現實主義的討論很精彩，但遠超出我能理解的範圍。唐十郎談論安德烈．布賀東與永井荷風。永井是文學漫遊者，同時也熱衷造訪淺草的艷舞劇院，他在自己的書房被人發現死亡時，身上的西裝沾滿了麵包屑。那天晚上某個時刻，我覺得把我們遇到根津甚八那些尖叫的狂熱粉絲的事，告訴那位優秀的詩人應該也會很好笑，然而我講完之後卻是一陣不太好笑的靜默。之後我問小林薰我是否失言了，他說：「嗯，我們都知道你說的是真的，但我們未必要講出來，是吧？」

我們在京都的最後一場表演相當成功。那是一個溫暖的夜晚，霓虹燈影倒映在鴨川上，波光蕩漾，看起來極美。觀眾熱烈迴響，顯然也沒有很多根津甚八鐵粉出現。我們卸妝後，李麗仙約了朋友在城裡吃飯，其他人則是跟著唐十郎坐上小巴士，前往餐廳舉行慶功宴。餐廳很古老，玄關燻黑的木頭上還可以看見十九世紀喧狂武士留下的劍痕。晚餐是奢華的傳統京料理，宴席設在餐廳二樓的大房間裡。我們坐在橄欖色榻榻米上的絲質坐墊，房間一角掛著一幅禪僧的卷軸畫，畫下方插著一盆美麗的鳶尾花。

這次，我們有另一位訪客。我立刻認出他是黑幫電影中的配角，名叫川谷拓三，他在黑幫電影中的主要任務是裝出可怕的表情，以及在故事開始沒多久就被殘暴殺害。川谷其實演得挺蹩腳，之所以被選入劇組，往往在於那張特殊的臉孔更甚於演技。他的眉毛在兩隻閃爍的小眼睛間幾乎連成一條粗黑線，讓他看起來更添愚鈍的暴戾之氣，雖然他私底下似乎是個非常溫和的人。他與李麗仙在某個成功的電視劇中一起演戲，出於對她的敬意來看我們的戲。

我坐在長桌另一側，沒有太注意坐在唐十郎身邊的川谷拓三。他可能在我們抵達餐廳之前就喝了幾杯，但看來沒有特別醉。很快我就察覺到他和唐十郎在爭辯，不過我坐得不夠近，沒看到事情開端。之後有人跟我說，川谷拓三故意踩了唐十郎的痛處，他應該是這麼說的，「劇場是過時老把戲了，你應該跟李麗仙一樣多參與電視或電影的演出，不要浪費時間在劇場裡。」顯然他又多講了一會兒，直到唐十郎突然東倒西歪地往他的方向過去。在電影中專演歹徒的演員此時臉上濺滿了啤酒，然後唐十郎開始暴怒地用雙拳掄打他，這是叫其他人也一起加入衝突的訊號。於是過沒多久，川谷拓三被埋在一群想要用拳頭展現團結的演員之下，他們憤怒地捶打在濺血榻榻米上扭動的川谷，當他總算脫身時，臉上明顯地掛了彩。有人很快地打電話叫了救護車，然後他從會場被移到擔架上。

目睹真實的暴力場景，我一如往常說不出話來。更重要的，是演員同伴的暴力之舉讓我震驚，我再度感覺格格不入，就像在前往大阪的路上我沉浸在《塊肉餘生記》裡一樣。我不記得打完架後有人說了什麼，那天晚上是空白的，直到一個多小時之後，李麗仙總算出現。她聽說事情經過後暴跳如雷。她站在房間中間，用手指比劃仍坐在地板上的唐十郎並且尖聲叫罵：「你以為你在做什麼？你怎麼敢用這種方式攻擊我的同事兼朋友？你以為你是誰？」

唐十郎的臉漲得深紅，他一邊咒罵妻子，隨手抓起一個重如玻璃磚的菸灰缸猛扔向她。菸灰缸在離她的頭只有幾寸遠處，摔落在貼有高雅米紙嵌板的牆上，碎成片片。

我太愕然以至於不知道自己到底在做什麼。但我記得自己站起身來，並且對著唐十郎脫口而出一些荒謬的話，像是「你不可以對女人做這樣的事！」接著房間裡片刻靜默，空氣瞬間結凍，唐十郎無法相信他聽到了什麼，憤怒的雙眼轉向我，他的聲音低吼如野獸，「你好大膽子，竟敢這樣跟我說話！」

時至今日我還是不明白自己當初為什麼要這麼做。我到底在想什麼，要用這種方式讓他在他的演員面前丟臉？比起介入夫妻吵架，我應該有更好的做法才是。自負的騎士精神背後代表什麼？是不是與我在日本劇團中所感受到動搖的自我意識有關？這是不是錯置的呼喊，其實希望別人能看見真正的自己？我真的知道自己是誰嗎？

不過我永遠不會忘記唐十郎的話，他在回宿舍的小巴士上，餘怒未消，只是反覆說道：

「結果你終究只是個普通的外人！」

10

「嘿！我已經可以看到洋鬼子了。」唐十郎歪嘴斜笑。他用日文字眼「毛唐」，字面意義是多毛的外國人，這是只針對白人的貶低字眼。即使「唐」意指中國，中國在以前代表日本外面的世界。

我們正要進入全新的成田機場航廈，唐十郎興高采烈。成田機場四周仍有高聳的圍籬、數不清的檢查哨與數千名警力在日本人與洋鬼子間走動盤查。為建設成田機場而徵收的村莊土地抗議，是日本二十世紀最後的大型群眾抗爭焦點。在機場正式開放之前，左翼抗議分子曾成功占領塔台，六千名示威群眾試圖破壞機場的開幕，某位日本新聞播報員甚至把這裡比做越戰時期的西貢機場。

我們即將前往紐約，這是唐十郎與李麗仙第一次踏上西方國家的土地。

時值一九七八年晚夏，就在「京都菸灰缸事件」三個月之後。這段時間不太好過，因為我在京都讓唐十郎沒面子，讓他心裡有疙瘩，而我對於飾演「外人伊旺」的熱情也消退了。但我們仍須完成東京場的巡演，因此依舊綁在一起。紅帳篷搭在池袋站附近的鐵路支線，大多數夜晚都是滿座。

我寫的狀況劇場巡迴冒險刊登在《朝日畫報》上，我們的關係還是未見改善。報社以大篇幅登載這些報導。我覺得自己拍的彩色照片看起來不錯，也用自認友善的文字記錄行動劇團巡演對周遭環境的影響，以及紅帳篷所到之處是如何創造了戲劇氛圍。我描寫了熊本那兩個監獄女警衛，以及在大阪揮舞武士刀的男人，也提到唐十郎與尖叫的根津甚八粉絲之間的劍拔弩張。我用了同理且自認好笑的語調下筆，但恐怕唐十郎並不這麼想。相反地，他更加火冒三丈。

或許是語言的關係，反諷很難被轉譯為日語，而且很容易就變成挖苦嘲笑。但我認為這也跟另一件事有關：我沒能從自己人的角度撰寫，他們給了我機會，讓我以榮譽團員身分參與其中，我卻用超然的語氣形容整趟巡演，這種淡漠疏離的態度可能讓人覺得充滿敵意。關於寫作，我學到重要的一課：你試著把朋友寫成風景中的人物時，你正冒著得罪他們的風險，無論立意多麼良善，你看他們的方式往往不是他們看待自己的方式，而且到底誰會想要成為風景中的人物啊？我認為這顯然是個問題。唐十郎從未給我仔細批評，經過很長時間的慍怒後，他只用英文說了句：「伊旺，你真是個憤世嫉俗的傢伙！」

不過，這季快結束時，所有不快似乎都被遺忘了。某天晚上，鼎鼎大名的羅馬尼亞裔美國籍劇場導演安德烈・瑟本（Andrei Serban）突然出現在紅帳篷，他是名高大的金髮男子，外型類似耶穌基督，在一九六九年離開故鄉布加勒斯特到紐約。他在艾倫・史都華（Ellen Stewart）的「辣媽媽實驗劇社」（La Ma Ma Experimental Theatre Club）執導了頗具爭議的《米蒂亞》，之後陸續執導幾齣由梅莉・史翠普（Meryl Streep）與莫瑞・亞伯拉罕（F. Murray Abraham）擔綱演出的契訶夫劇作，以獨樹一格的詮釋，讓某些傳統劇評家氣得七竅生煙。他曾說百老匯製作人不會靠近他，因為他被形容為「毀滅經典劇作的導演」。

演出結束後，我們回到唐十郎的工作室。《獨角獸物語》讓安德烈・瑟本非常激動，他驚呼：「這既像是義大利即興喜劇！也像是歌舞伎！這是劇場的精髓！」我翻譯給唐十郎聽，他笑容滿面，並且確定我們的杯中都裝滿威士忌。安德烈・瑟本叫唐十郎一定要來紐約，那邊的人從沒看過像狀況劇場這樣的作品，他們一定愛死了。唐十郎的眼睛閃著如夢似幻的光芒，說道：「把帳篷搭在中央公園，那就真的了不起了。」瑟本大叫：「對！就是中央公園，紅帳篷將在中央公園升起！」

以上就是我們現身成田國際機場準備前往紐約的緣由。我不知道安德烈・瑟本花了多少精神籌劃整趟行程，各式各樣的基金會與文化協會都參與其中。我擔任唐十郎與李麗仙的翻譯與嚮導，陪他們一起去。我的工作不支薪，比較像是出於友誼而做，這在日本很常見：隨著時間而建立對彼此的義務，不總是牽涉到現金。雖然在此之前，我只去過紐約一次，但我很高興能夠擔任日籍友人在「毛唐」迷宮裡的「嚮導」。

唐十郎透過機窗凝視夜空，底下的紐約城閃爍發光，如同聖誕燈飾織成的巨大毯子。他撇過頭以示輕蔑，說：「首爾還更令人印象深刻吧，不是嗎？」

我訂了雀爾西旅館，因為曾在雜誌上看過報導說這裡很潮：安迪．沃荷在此拍過電影；珍．芳達（Jane Fonda）與吉米．罕醉克斯（Jimi Hendrix）都曾是房客。我們辦理入住登記時，在大廳看到一個瘦得可怕的男人正在打瞌睡，他頭上戴著黑色高頂禮帽，身上穿著白色的女式襯裙。房間髒得嚇人，布滿菸痕的骯髒地毯上留下黏黏的古柯鹼痕跡。門廳走廊裡明顯有股大麻味，管線則是掛得亂七八糟。我還以為這是唐十郎展開西方之旅的絕妙地點，然而幾年之後他在回憶錄中，大致上把這裡形容成一個亂七八糟的地方（如何わしい）。

來紐約當然是為了拜會與看戲。對於拜會的記憶現在已然模糊，但我仍記得辣媽媽實驗劇社的艾倫．史都華（Ellen Stewart），彼時她一頭耀眼的玉米辮還未染上銀霜。那天是炎熱的周六午後，我們在東村。街上整群人正舉行街坊派對，隨著巴布．馬利（Bob Marley）的音樂跳舞。她告訴我們全世界的人如何在東村齊聚一堂，去年辣媽媽實驗劇社才剛演完一齣韓國版的《哈姆雷特》。「孩子，」史都華對我說：「如果我對一齣戲有感應的話，就會把它搬上舞台。」她沿著街頭大搖大擺走下去，像是東四街的皇后般和鄰居寒暄，瘦弱的棕色手臂上則纏著一大串臂章與手環，叮叮作響發出悅耳的聲音。

我們也見了公共劇院（Public Theatre）的約瑟夫・帕普（Joe Papp），介紹「紅帳篷劇院」的唐十郎與李麗仙給他認識後，他直接稱呼他倆為「紅帳篷先生／太太」。儘管前一天晚上，唐十郎才批評我沒有逐句翻譯洛克斐勒基金會某君的發言，但帕普高高在上的態度已經說明一切，我想不用加以翻譯。他看來漫不經心，坐在桌子後頻頻看錶，他說道：「嗯，對，中央公園裡的劇院帳篷，那應該相當有意思。」

我們在雪利登廣場（Sheridan Square）一間前身是同性戀夜總會的窄小酒吧，看了無與倫比的查爾斯・勒德拉（Charles Ludlam）所演出的《茶花女》，女主角當然是由他飾演。

我們也去了中央公園，看由梅莉・史翠普與拉烏爾・胡利亞（Raúl Juliá）演出的《馴悍記》。安德烈・瑟本跟我們一道去，他興高采烈，喋喋不休，他說：「注意那個年輕的史翠普，她有朝一日會成為大明星。」

有天晚上我們甚至跑去哈林區一個廢棄的停車場，那裡有一群「參與社會」的黑人演員免費演出給街坊鄰居看。送我們過去的人告訴我們要避開哪些街道，哈林區那時還是個不太安全的地方。

我不記得我們還看了什麼別的東西，但唐十郎與李麗仙對於紐約劇場沒有一絲好感，就算是對查爾斯・勒德拉狂放的滑稽動作也興趣缺缺。我猜想，他們認為美國人的表演用腦過度，肢體層面卻付之闕如。李麗仙的觀察是美國人不會「用下肢表演」。某個不知名年輕表演者，在百老匯戲院前對著排隊群眾引吭高歌，可能都比梅莉・史翠普、查爾斯・勒德拉或拉烏爾・胡利亞讓他倆印象深刻。

尤其是唐十郎，他一副什麼都沒什麼好大驚小怪的樣子。對於他從未造訪過的城市，出乎意料地完全不好奇。當李麗仙提議去一間大博物館逛逛時，他很唐突地表示要待在旅館，他說：「妳真的以為安德烈・瑟本在東京的時候會去逛博物館嗎？」

唐十郎觀察到某件絕對不會讓紐約客感到驚訝的事情：那時街上四處都是乞丐、衣衫襤褸的人倒臥在公園長椅上、憔悴的毒蟲窩在地下道或頹圮大樓的門廳裡。讓他印象深刻的不是有多少窮苦潦倒的人，而是他們居然大多數是白人。對他而言，看到窮困行乞的「毛唐」簡直就像違反自然法則一樣不正常。對此，他並非幸災樂禍，只是很驚愕而已。

前一年有部電影《酷暑殺手》（*Summer of Sam*）改編真實故事，有個連續殺人魔宣稱聽到腦中魔犬在跟他說話，於是在紐約市外圍行政區拿槍隨機殺人。我忘了是誰提議要去看謀殺現場，反正我們就去了，搭計程車在皇后區與布朗克斯區的陰暗角落徘徊，所知甚多的計程車司機還鉅細靡遺地告訴我們殺戮的種種細節。

然而多數時間，唐十郎都待在旅館裡寫他的下一齣劇本，只有李麗仙跟我去街上逛逛或去看電影。我們看了費・唐娜薇（Faye Dunaway）主演的《神祕眼》（*Eyes of Laura Mars*），劇情在講一名時尚攝影師在紐約被連續殺人狂跟蹤的故事，電影很普通。唐十郎把自己關在旅館房間裡很可能是故作姿態：努力做出他覺得安德烈・瑟本在東京會做的事；也可能是某種害羞的表現。

我讀過一些報導，描述知名日本藝術家與作家身處陌生的西方城市，因為隱入人群中而產生防禦心理。對於這些在自己家鄉早就習慣他人尊敬、甚至恭維的大人物而言，突然之間變得沒沒無聞很痛苦。據說三島由紀夫對這點特別惱火，他第一次來紐約時幾乎全程都怒氣沖沖。淡漠往往很快就會被解讀為種族歧視。

後來贏得諾貝爾文學獎的大江健三郎，曾在一九六五年時寫了一張明信片給他在紐約的譯者：「幾天前在深夜的酒吧裡，有人介紹我給諾曼・梅勒（Norman Mailer）認識，唉！這傢伙待我，彷彿我是隻小狗，或是從未開發國家來訪的牙醫一般。」*

---

* 引自 John Nathan 的傳記，*Living Carelessly in Tokyo and Elsewhere*, New York: Free Press, 2008.

然而，在地盛名的驕傲或許不是唯一的解釋。偉大的夏目漱石在倫敦讀書的兩年獨居生活幾乎讓他抓狂，多數時間他都繭居在南倫敦住處。關於這段不快樂的時光，他寫道：「我在街上看到的每個人都又高又好看，這點就嚇到我了，讓我自覺羞愧不如。有時我看到矮得不尋常的人，但仍然比我高個兩吋……然後我看到一個小矮人走來，膚色難看──那正好是我在商店櫥窗的倒影。」*但這是在一九〇三年的時候，那時夏目漱石還沒成為全日本最知名的小說家。

還有所謂的「巴黎症候群」，一個由媒體在二十世紀末創造出來的說法，用以形容首度造訪巴黎（或任何其他從遠處被理想化的西方城市）的日本觀光客，有些人會輕度發狂，以至於被遣返回國。這種症狀就發生在蒼白的書呆子學生佐川一政身上，他花了近四年學法文卻還是學不好。在一九八一年初夏，他騙誘一名漂亮的荷蘭女學生荷內．哈特維特（Renée Hartevelt）到其住處，藉口要她朗誦一首德國詩。荷內講一口流利的法文。

當時三十二歲的佐川一政對白人女性有不良紀錄：十年前他曾在東京襲擊一名德國女性。他對於自己在巴黎生活的描述，算是以一種特異的方式呼應了夏目漱石的情緒。他寫道：

---

* 引自 Masao Miyoshi, *Accomplices of Silence: The Modern Japanese Novel*, Berkley: University of California Press, 1974.

「有一天我坐在咖啡館中，突然瞄到咖啡館的玻璃門有五個人的倒映。一名矮小的東方人穿著深灰色西裝外套，湮沒在高大白人男女之間。我直覺地扭過頭去不想看。」†

在六月的大凶之日，荷內．哈特維特來到佐川一政的住處朗讀德文詩，佐川拿來福槍從她背後開槍射擊。他強暴她的屍體，把她切成塊、吃掉一部分、一些則放冰箱，之後用手提箱打包遺體，準備丟棄在布洛涅森林中，卻被法國警察目擊，逮個正著。他被關在法國精神病院裡，在日本卻成為某種邪教反派英雄。作家與知識分子書寫佐川，並對這樁打破禁忌的終極性犯罪感到驚駭（往往也駭人）的著迷。

幾年後，法國當局不願再讓佐川一政繼續留下，於是把他引渡回日本。他在日本的心理醫院接受檢查，診斷為心智健全。他從未被正式判刑，因此能以自由之身出現在電視脫口秀節目中，甚至在色情片中飾演性謀殺凶手配角。

大島渚與唐十郎都很有興趣將這個案例拍成電影，但都沒有付諸實行。然而唐十郎在一九八二年寫了一本小說，內容是他半虛構地企圖與殺手在巴黎會面，書名是《來自佐川的信》（『佐川君からの手紙—舞踏会の手帖』）。這本書是本病態的遊戲之作，內容充滿對於「毛唐」

---

† 引自 Sagawa Issei, *Kiri no Naka*(*In the Fog*), Tokyo: Hanashi no Tokushu, 1983.

的討論、翻譯之不可能性，以及日本人對於白人的那種神經質的態度：「那種對『白』人皮膚的『渴求』欲望，多年來折磨你、驅策你，我不是不明白那種感受，因為我自己也曾被外國女性瞧不起。」一九八三年，唐十郎以此書得到芥川賞，這是日本最具聲望的文學獎。

用唐十郎這本奇怪的小說，以後見之明詮釋他在紐約的行為，這麼做並不公平。我不認為紐約讓他的自尊心受損。但數年之後，他的確寫到那趟美國之旅讓他更深刻地反思自己的出身背景。他覺得需要「保持自己日本認同的平衡」，於是寫了一齣名為《河童》的劇作，整齣戲在討論日本文化中最具土味的面向。河童是日本神話中的搗蛋鬼水精靈，潛伏在河川與湖泊中，擅長騙人。但唐十郎戲裡的河童是溺斃男孩的輪迴轉世，他住在變成了沼澤的榻榻米房間中。在唐十郎的奇幻世界深處，就這樣把他從陌生的紐約帶回了東京沼澤。

可能是因為天氣的緣故，詳細的原因我忘記了，總之我們回東京的班機被取消了，所以得在舊金山轉機，耗上一整天無精打采地閒晃。李麗仙先回旅館休息，我與唐十郎最後去了中國城裡一家破舊的老戲院。我們進門時，台上正在上演一齣簡陋且非常吵雜的粵劇。不管台上怎麼敲鑼打鼓還是哭嚎大叫，坐在我們旁邊的老男人整場都在打呼。台上的年輕貴族向情婦示愛，台下觀眾則顧著清嗓子往地上吐痰。放眼望去，只有我們不是中國人，而且只有我是「毛唐」。我順著唐十郎的視線望去，可說是這整趟旅程的隱喻：我想看他看到的東西。

他對台上的表演不怎麼感興趣，反倒是環境氛圍、從舞台後方發射出來的彩色燈光、樂器演奏者的來來去去，都更吸引他的注意。這是一整個星期下來，我第一次看到他全然地放鬆。

吃了麵裹腹之後，我們隨意走進一家燈光昏暗的酒吧。吧台上擺了一束很醜的塑膠花，上頭滿是灰塵；花旁邊是一隻塑膠製的金色招財貓，碰它的時候，一隻爪子會懶散地上下搖晃；牆上掛著一幅航空公司送的富士山舊海報。吧台後是一個濃妝豔抹的亞洲女人，大約六十多歲，她的鬈髮染成紅色，用粉紅色薄紗絲巾繫成的結綁起。

唐十郎對我耳語道：「她讓你想起什麼？」我日本當代史讀了不少，所以知道答案：「潘潘女。」唐十郎很興奮地咯咯笑道：「沒錯！」潘潘女是戰後的日本妓女，她們在被炸彈肆虐後的東京廢墟拉客，有些專找日本男人，有些也接受韓國人與中國人；有些只要穿制服的「毛唐」，而有些只找美國黑人大兵。

吧台後的女士聽到我們講日文，塗成深紅色的嘴咧開一笑，露出一口菸燻黃牙，隨即開始訴說她的故事：她在一九四〇年代末隨著美國海軍老公來到美國，他們很快就離婚了。此後，她一直在酒吧工作，一家換過一家，只是現在生意已經不像從前那樣熱絡了。她的樣貌、言談舉止、以及講日文時的鄉下腔調，都在訴說一個不同的時代：那是唐十郎在下町成長的時代，也是美國大兵坐著吉普車在東京大搖大擺的時代。她很可能在一九四六年與變裝皇后同居在唐十郎街上的公共廁所。時光為她而凍結，就像大多數終生放逐國外的人一樣，他們幾乎變成了年輕時那個自己的諷刺漫畫。我在長住於東京的外國人身上看過這樣的例子：他們成了專職的英國人或美國人，政治立場越來越反動，而且酗酒。

喝了第三杯威士忌兌水後，唐十郎問我：「所以你人生有什麼打算？」我完全沒辦法自信地回答這個問題，於是囁嚅說了幾句想做攝影師之類的話。「對啦，對啦，攝影。」他相當不屑一顧地說：「但我們相信你的天分。你現在幾歲？你最好趕快開始，我二十幾歲就在新宿把紅帳篷搭起來了。」

吧台女士正在連續播放沙爾勒．阿茲納福（Charles Aznavour）的香頌，她告訴我們她很喜歡法國香頌，特別是「阿茲納福桑」。「美國人才不懂得法國歌呢，哪像我們日本人，」她拍了拍胸口，然後說：「感覺，我有一樣的感覺。」唐十郎點頭道：「的確如此。」我們耳邊傳來艾迪特．皮雅芙唱的〈老爺〉（*Milord*）。女士從吧台後方走了出來，開始跳舞，像二十多歲的青春小姑娘一樣在空中拍動著瘦弱的手。她要我跟她一起跳舞。唐十郎激動起來，在高腳椅上轉過身拍著手，他高八度的聲音蓋過了皮雅芙的歌聲：「沒錯！伊旺，跟她跳舞吧！跳吧！跳吧！」

於是我隨之起舞。

11

回到東京後，我和唐十郎鮮少碰面，我在狀況劇場的榮譽職就此結束。

唐十郎說的顯然沒錯，到頭來我只是個普通的外人。彷彿我搞砸了一場重要測驗一般，我融入日本圈的嘗試遭遇無法跨越的障礙。京都的最後一晚，是所有在日本的外國人早晚會面對的見真章時刻。無論你的行為舉止有多像日本人，你永遠不會是日本人。有些外國人覺得這很令人痛苦，但你無法怪罪日本人沒有和外國人同樣的幻想。正如同唐十郎在雀爾西飯店面對他的日本魂，每個在日本的外人必須理解到，無論日文講得多好，或有多麼精通日本社交生活的儀節都一樣，外人永遠會是個外人。

關於西方人在亞洲的幻滅，佛斯特（E. M. Forster）的小說《印度之旅》結尾描寫入微。特立獨行的英國教授費爾汀先生，想要修復與印度穆斯林阿吉茲醫生的友誼。儘管阿吉茲醫生先前蒙受企圖染指英國女性的誣告，費爾汀從頭到尾都堅定地支持他的朋友。無論是穆斯林或印度教徒，費爾汀敬重印度人，不遺餘力要了解他們的文化，甚至到了要突破殖民禁忌的「歸化」程度。儘管如此，他和阿吉茲醫生的友誼，卻無法在英屬印度繼續下去，不在此時，也不在此地。費爾汀問道：「為什麼我們不能當朋友……這是我要的，也是你要的。」但佛斯特在最後一段寫著：「馬兒卻不想要，牠們分道揚鑣；大地也不想要，路上擱著石塊讓騎士僅能單騎通過。」

佛斯特仍相信東西方有交會的可能。要在文化與宗教上化異求同，「唯有聯繫」（only connect）依舊是他的期待。他最後一段的隱喻中，擱下石塊的並非文化差異，而是殖民系統的阻礙。即使連費爾汀與阿吉茲這樣充滿善意的兩個人，都無法平起平坐。這留下了未來改變的伏筆，阿吉茲仍然可以向英國人承諾，只要印度推翻了大英帝國統治，「屆時我們就可以當朋友。」

即使日本從未被殖民過，日本對外人的關係仍有類似的元素。日本受到由美軍主導的盟軍占領，但這不是殖民。儘管如此，我住在東京時，白皮膚的外國人離日本社會常規太遠，完全無法一視同仁，歷史中有太多預設的白人優越感，時而觸及日本人的敏感神經。外人偶爾會成為仇恨或輕蔑的對象，但更多時候外人享有特權。以我當時的歲數而言，如果我只是個懷抱劇場夢的日本人，唐十郎根本不會理我。某方面來說，外人在這個愚人天堂得到棲身之所。對某些幸運的傻子來說，這個棲身之所還有終身保固。

唐十郎偶爾會提及約翰．內森（John Nathan），他在我之前先一步踏入了日本電影、劇場與文學的社交圈。內森身處輝煌的一九六〇年代東京，他的活躍程度遠非我所能企及：他在大型劇作中演出、為李麗仙主演的電影撰寫劇本，還翻譯了三島由紀夫的作品。內森是首位成為東大日本文學一般生的美國人，他在那裡「感受到歸屬感的欣喜，覺得自己是日本人」。

但好景不常。以《座頭市》中的盲劍客演出而聞名的日本影星勝新太郎，他告訴約翰，沒有別的外國人比得上約翰對日本人的了解，連講日文也像在說母語，但他說：「約翰，你在日本是沒有勝算的！」他的意思是外國人永遠不會受到相同規則的評斷。內森在他的回憶錄中寫道：「多年來，我在這封閉的島嶼上，只能以身為充滿異國風情的外國人安身立命，我對此深受其擾，決定在主場上證明自己。」

唐十郎有意無意間讓我學到了類似的教訓。但在日本的外人、在殖民印度的費爾汀，和在紐約的唐十郎，這三種經驗之間有個重大差異，這點佛斯特並未特別著墨，至少沒有明言。唐十郎的日本魂受到祖國文化的定義；費爾汀與阿吉茲因殖民不對等而疏離；但富有異國情調的外國人，在日本永遠被定型為一個迥異的種族或民族類別、刻板印象。當然這些差異或許有些誇大，種族、社會階級與歷史時有交疊。對絕大多數日本人而言，「日本人」屬於種族類別，像是絕不可能被抹滅的胎記。我曾與唐十郎聊過日本邊緣人「部落民」的苦難，他們一出生就因祖先與死亡的連結而永遠蒙受汙名，即便職業已轉為牙醫或學校老師，而非屠夫或鞣皮匠，情況依然不會改變。唐十郎接下來說的話入木三分：「你知道嗎？我認為整個日本都是部落。」日本是世界邊緣人這種想法聽起來無比荒謬，令人感到一股不快的自憐自艾，然而唐十郎的話並非全然沒有道理。一群天照大神的後裔，在一九三〇年代到一九四〇年代早期受到類宗教文宣的驅使而欲制霸亞洲。這些天選之人與邊緣人，其實沒有那麼大的差別。而這正是日本作為民族、而非個體，與其他民族的最大差別。這也是我跟約翰・內森一樣，決定要離開日本的原因。

當然，外國人在日本要過著滿足而充實的生活，完全是可行的。有各種方式可以和「外人」身分和平共處，只是無力感深淺不同。外人可以好好享受特權，不要有不切實際的想像，認真當個局外人。某方面而言，這是最容易的選項，比較能促成心靈平靜。日文不要說得太好，或根本不會說日文，對土生土長的日本人而言會自在許多。不要假裝、不要表演，甚至不要想著過關，外國人就是要內容與包裝相符。「東方」的深不可測是陳舊的殖民偏見，卻同時也是許多日本人緊抓不放的想法。只要能一直超越局外人的理解範圍，便證實了日本本土文化的獨特性。

這樣的封閉性，可能會讓某些懷抱最大善意，試著了解的外國人有如芒刺在背，比方說那些用盡各種方式想要歸化的費爾汀先生們。即使困擾不會不舍晝夜地發作，復發之頻繁仍然會讓人精神耗弱。偉大的美國學者暨日文翻譯家愛德華・賽登斯蒂卡在一九六〇年代的東京住了幾年，當時他為一家大型日本報紙的英文版寫專欄，有時挖苦，但總是令人發噱。他在一九六二年五月寫了一篇驚人的告別文，說明他離開日本、返回美國的理由。

他寫道，曾有隻田鼠膽顫心驚，讓其他田鼠都覺得牠對鼠洞外的蝮蛇有被害妄想，蝮蛇像極了某些日本政治人物與官僚。一隻友善的田鼠同伴叫他放輕鬆、再喝一杯，跟蝮蛇做好朋友。畢竟蝮蛇跟其他人一樣，努力工作養小孩、閒暇時看看棒球，諸如此類。田鼠越喝越醉，終於被朋友說服，卸下心防，然後很快就被蝮蛇一口滿足地給吞了。

但賽登斯蒂卡教授可不想這樣：「我最近覺得自己可能圓融些，慢慢成為一隻明理的田鼠。日本人就像其他人一樣，他們努力工作養家餬……不對，他們一點都不像其他人。他們遠比其他人更排外、更封閉、更狹隘，身為一個外人，如果還有點自覺的話，就應該對這種封閉感到憤怒。當憤怒逐漸麻痺時，就是失去溝通的意願，對我而言，那就是死亡，所以我要回家了。」*

請記得，這段文字是在一九六二年寫就，蝮蛇的隱喻相當詭異。儘管如今世易時移，仍

* 出自 *This Country, Japan*, Tokyo: Kodansha International, 1979.

不如「外人病」患者所期待的那麼開放。田鼠與其友伴的爭論，至今仍在日本的英語報紙專欄上你來我往。對於日本封閉性的憤怒指控，有人斷然反駁，認為日本遭人誤解，日本人跟其他人一樣，甚至在很多地方都優於其他人。如果在日本的外國人是個作家，這些爭論便可能是作品主軸，成為陰魂不散的執念，也是兩造都贏不了的無盡辯論。因為封閉的民族可能被誤解，排外的人也可以跟其他人沒什麼兩樣，有些外國人甚至也覺得住在日本社會中非常愜意。

住得最愜意的那些外國人，往往對自己的外人狀態讚譽有加，像是躲在保護殼中，全心接納外人狀態。儘管聽起來矛盾無比，但這有點像是歸化。因為在一個社會中生存，卻無須服從各種習俗規範，這給了外人一種極端的自主性。但這麼做的目的，不是為了反抗他所選擇定居國家的規範，而是從他逃離的地方解放，這就是唐納．李奇在我們初次見面時試圖告訴我的事。當時美籍的報人約翰．羅德里克在他英國同志小說家朋友的公寓中介紹我們倆認識。

李奇的做法在現在的日本比以前少見，畢竟西方男同志已經比較沒理由害怕原生社會的禮俗常規，而且外人在日本也少了他們曾有過的徹底自主。陌生人在日本不再那麼陌生，賦予外人的特權與偏見亦同時縮減。居住在日本的外國人越來越被期許如同日本人一般地生活著，好像本來就該如此一樣。

然而，田鼠的聲音可不會完全消失匿跡。儘管某些日本文化面向以驚人方式廣為散布：壽司、漫畫、寶可夢，日本仍是一個封閉的國家，世界其他地方對她了解不多。這為即使對日本只是一知半解的作家們開啟大好契機，因為還有太多需要解釋的地方。我自己便是既得利益者，這裡是我新聞記者的職涯之始。在我和唐十郎與李麗仙的紐約之旅不久後，一家英國報紙請我為週日雜誌寫一整期日本專題，並用我的攝影當插圖。這讓我有了第一本書的合約，日本塑造了今天的我。

然而我並不想窮盡整個寫作生涯來解讀日本。解釋狂的風險是再也沒有新的學習，讓人覺得無聊透頂。至於形塑唐納・李奇生命那種逃離的慾望，我也感受不到相同需求，我沒有理由害怕我自己文化中的習俗與規範。我害怕的是罹患外人病，成天執拗於附著於種族上，冒犯往往是想像出來的。

所以我向日本道別，但也沒有要回家，我再也不確定鄉關何處。我在荷蘭長大，但感覺不像家。倫敦是我英籍母親長大的地方，是合適的候選地點。原因並非我可以真的完全融入英式風格，某方面來說這也是一種表演。我選擇倫敦，是因為我想要住在一個讀者可以用母語讀我作品的地方，這不是我受教育時所用的語言，但仍是我的一部分。因為我母親的緣故，陪著我長大有英文漫畫書、兒歌、童書。我是讀伊妮德．布萊頓（Enid Blyton）長大的小孩，可是除了寫信給外公、外婆以外，我從未使用英文書寫，這點也是到了日本之後才開始的。但選擇倫敦的主要理由，是因為我認為她和東京相反，是個兼容並蓄許多文化的城市。

雖然我決定離開日本，但我知道日本絕對不會離開我。我到東京時一無所知、乳臭未乾，渴望著各種體驗，但願這種渴望不會完全消逝。完全成形時，就是死亡之時，但日本在我孺子可教時形塑了我。

還有另一個理由讓日本沒有離開我。壽美繪和我認定，只要我們倆在一起，家就是場流動的饗宴。我和唐十郎決裂之後，便搬回去和壽美繪一起住，就在那個我們初抵東京時租的同一間公寓。出發前往倫敦之際，她成為我的妻子。她和我一起來到日本，但總覺得自己在她的母國像個外人；她也將隨我返回歐洲，在那邊她反而感覺比較自在。她和李奇一樣渴望徹底的自主性，我能感同身受。印度作家智者尼拉德．喬杜里（Nirad C. Chaudhuri）說過，「失根」（*déraciné*）就是永遠在旅途上。我們終身都是外人，兩個外人在一起比較有安全感。

我和約翰．羅德里克在東京海外特派員俱樂部共進午餐時，告訴他我準備結婚了，他微微露出不屑的神情，說：「真是無趣極了。」彷彿我還是叛逃了。他錯了，這一點都不無趣。這段因緣終究沒有恆久不渝，但日本教會了我，沒有什麼可以恆久不渝，這也正是生命的美麗與哀愁。

班機在一個深秋午後從成田國際機場起飛，我希望在飛機轉向大海前，能再看富士山最後一眼，但眼中所見只有一整片濃厚的雲霧，我的思緒飄到某次搭船的經歷。我到日本不久後，搭船前去北太平洋岸的群島，這些群島的絕景備受日本古典詩人歌詠。可惜，前往這些著名絕景當天，所有的礁岩小島都裹在濃霧中，什麼也看不到。但嚮導顯然未受現實所囿，歡快地要我們觀賞這些島嶼的細緻特色。我們順從地按照指示看向左邊或右邊，然後讚嘆。這場表演必須繼續下去，我們看到了我們想要看到的。

就在此時，日航的機長廣播如果我們往右邊看，就能看到富士山。我們坐在左邊，所以我伸長脖子望向數排座位之外的窗戶，富士山就在那裡，輪廓清晰的圓錐傲然聳立，光芒萬丈直上雲霄。我在日本住了六年，這是我離開前看到的最後一景，原來我一直搞錯了窗戶。

致謝

我從來不寫日記。從一九七五年到一九八一年，我住在東京期間也很少寫信。能喚起我那段期間回憶的，只有我所拍的相片（這是自拍尚未盛行的年代，沒有一張相片裡有我）與記憶。隨著人一生的故事（其實從一開始就不甚連貫）在心中重新編輯，記憶本質上就是破碎易錯、且不時改變的。

我只能說自己已經盡了最大的努力回想筆下的東京那些年，我無意編造任何內容，但基於以上種種原因，加上文學的效果，這仍是經過編輯的版本。

我要感謝幾個一起經歷那段歲月的朋友，他們好心地重溫我的回憶，特別是葛漢．史諾（Graham Snow）與羅伯．席普（Rob Schipper）。

第一次與吉姆．康提（Jim Conte）見面是一九七五年，在鎌倉共同朋友的家中。他讓我留下無可抹滅卻完全錯誤的深刻印象，他穿著長及腳踝的浣熊皮大衣，並以富麗的鄉下華房作為閒話家常的主題，我還以為他是個浮華氣派的人。我們成為終身的摯友，他好心地讀了我的手稿。我的太太堀田江理也讀了手稿，因為她的鼓勵一路鞭策我繼續寫下去。

懷利經紀公司（Wylie Agency）的金·奧（Jin Auh）以其一如往常的老練，給予鼓勵，從頭到尾地看顧這個寫作計畫。對於史考特·摩耶斯（Scott Moyers）與克里斯多福·李察茲（Christopher Richards）編輯之彈性、理解與專業，我非常滿意。